Steps to Answered Prayer

Kenneth E. Hagin

Steps to Answered Prayer
by Kenneth E. Hagin

ⓒ 1986 RHEMA Bible Church
AKA Kenneth Hagin Ministries, Inc.
P. O. Box 50126 Tulsa, OK 74150-0126 U.S.A.
All Rights Reserved.

2007 / Korean by Word of Faith Company, Korea.
Translated and published by permission
Printed in Korea.

역사하는 기도

1판 1쇄 발행일 · 2007년 1월 31일
1판 4쇄 발행일 · 2012년 6월 8일

지 은 이   케네스 해긴
옮 긴 이   김진호
발 행 인   최순애
펴 낸 곳   믿음의 말씀사
주   소   446-855 경기도 용인시 기흥구 신정로 301번길 59
전화번호   031) 8005-5483/5493   FAX : 031) 8005-5485
홈페이지   http://faithbook.kr
출판등록   제68호 (등록일 2000. 8. 14)

ISBN 89-90836-19-0   03230
값 9,000원

본 저작물의 한국어판 저작권은 케네스 해긴 목사님을 통해 FAITH LIBRARY와의 독점 협약으로 '믿음의 말씀사' 가 소유합니다. 저작권법에 의해 한국 내에서 보호를 받는 저작물이므로 무단 전재와 복제를 금합니다.

믿음의 방패 마크는 미국 특허청에 등록된 RHEMA Bible Church, AKA Kenneth Hagin Ministries, Inc.의 마크이므로 복제하여 사용할 수 없습니다. (The Faith Shield is a trademark of RHEMA Bible Church, AKA Kenneth Hagin Ministries, Inc., registered with the U.S. Patent and Trademark Office and therefore may not be duplicated.)

기도에 관한 26가지 가르침

역사하는 기도

케네스 해긴 지음 | 김진호 옮김

믿음의말씀사

목 차

역자 서문 · 6

제1과 응답 받는 기도의 7단계 (1부) · 9
제2과 응답 받는 기도의 7단계 (2부) · 19
제3과 하늘을 여는 기도 · 31
제4과 예수님의 이름의 권세 · 41
제5과 합심 기도 · 53
제6과 기도의 가장 중요한 6가지 일 (1부) · 63
제7과 기도의 가장 중요한 6가지 일 (2부) · 73
제8과 영으로 하는 기도를 통역하기 · 81
제9과 방언 – 계속되는 찬양의 물결 · 91
제10과 새로운 차원의 기도 · 101
제11과 간구와 성별의 기도 · 109
제12과 경배의 기도 (1부) · 115

제13과 경배의 기도 (2부) · 123

제14과 연합된 기도 · 131

제15과 맡기는 기도 · 139

제16과 예수님께서 기도에 대하여 하신 말씀 (1부) · 149

제17과 예수님께서 기도에 대하여 하신 말씀 (2부) · 159

제18과 예수님께서 기도에 대하여 하신 말씀 (3부) · 169

제19과 예수님께서 기도에 대하여 하신 말씀 (4부) · 177

제20과 사도 바울이 기도에 대하여 하신 말씀 (1부) · 187

제21과 사도 바울이 기도에 대하여 하신 말씀 (2부) · 193

제22과 다른 사도들이 기도에 대하여 하신 말씀 (1부) · 201

제23과 다른 사도들이 기도에 대하여 하신 말씀 (2부) · 211

제24과 기도에 있어서의 하나님의 뜻 (1부) · 223

제25과 기도에 있어서의 하나님의 뜻 (2부) · 235

제26과 기도에 있어서의 하나님의 뜻 (3부) · 243

역자 서문

제가 읽고 모은 기도에 관한 책만 해도 백 여 권에 달합니다. 지금도 기도에 관한 책들은 끊임없이 출판되어 여전히 베스트셀러 리스트에 올라가고 있습니다. 이 사실은 기도가 그만큼 신비한 것이라는 증거이기도 하지만 동시에 그만큼 성도들이 기도에 관해서 정확하게 알지 못하여 기도를 바로 하고 싶고 기도 응답을 체험하고 싶어 한다는 증거이기도 합니다.

사실 기도 응답은 하나님의 살아 계심과 그분이 지금 나와 나의 문제에 관심을 가지고 계시며 나를 사랑한다는 가장 실감나는 증거라는 것을 부인할 사람은 없을 것입니다. 하나님은 스스로 계신 분이시며 모든 것이 가능한 분이시기에 기도 응답과는 무관하게 존재하시고 행동하시는 분입니다.

그런데 하나님께서 사람과 특별한 약속을 맺으시고 그 언약 안에서 하나님의 뜻을 따라 구하는 사람에게 응답하시겠다는 약속을 통해 기도로 자신의 능력과 행동을 스스로 제한하셨습니다. 하나님께서는 믿음으로 거듭난 하나님의 자녀들이 그 아들 예수의 이름으로 아버지께 간구하는 것을 기뻐하셨습니다. 이제 우리

하나님의 자녀들은 그분께서 말씀을 통해 약속하신 대로 구하고, 찾고, 두드릴 특권을 가지게 되었습니다. 전능하고 신실하신 사랑의 하나님 아버지의 기도 응답의 약속을 따라 우리는 언제나 그분 앞에 나가서 구하면 무엇이든지 받을 수 있습니다.

그러므로 기도는 하나님을 아는 문제, 하나님의 성품, 하나님의 말씀, 하나님이 하신 약속, 하나님의 나를 향한 뜻을 아는 믿음 생활의 가장 근본적인 것을 기초로 시작되고 발전하고 무르익는 것입니다. 하나님께서 귀하게 쓰셨던 하나님의 사람들은 모두 말씀과 기도의 사람들이었습니다. 그들은 말씀을 통해 계시하신 하나님을 말씀 그대로 믿었으며 하나님께서는 약속하신 것을 반드시 실행하시는 분이라는 하나님의 신실하심을 믿고 기도했습니다. 그들은 그들이 "구하거나 생각하는 것 이상으로 더욱 넘치게 주시는 분"으로부터 받아서 풍성한 복의 근원이 되는 삶을 살았습니다. 엡 3:20

말씀대로 믿고 기도하여 아름다운 믿음의 삶을 살았던 "믿음의 말씀"의 사랑받는 교사였던 케네스 해긴 목사님의 기도에 대한 단순하고 믿음을 자라게 하는 가르침을 통해 기도의 사람이 되는 데 도움이 되기를 소망합니다.

2005년 4월 8일

김 진 호
크라이스트 앰버시 서울/용인교회 담임목사
예수선교사관학교장

제 1 과

응답 받는 기도의 7단계 (1부)

성경 구절 : 약 1:6-8; 수 1:8; 마 7:7,8; 막 11:23,24

핵심 진리 : 믿음으로 우리는 우리에게 필요한 것들을 기도로 요청할 수 있고 또 믿음으로 그것들이 우리의 삶에 실제적으로 나타나도록 창조할 수 있습니다.

1과와 2과에서는 기도 응답을 받을 수 있는 기본적인 것들을 다루고 있습니다. 만일 믿는 자가 이러한 단계들을 충실히 따라 기도한다면 기도 응답을 반드시 받을 수 있습니다.

제 1단계 : 하나님께 무엇을 얻고 싶은지를 명확하게 정하십시오

약 1:6-8

6 오직 믿음으로 구하고 조금도 의심하지 말라 의심하는 자는 마치 바람에 밀려 요동하는 바다 물결 같으니

7 이런 사람은 무엇이든지 주께 얻기를 생각하지 말라
8 두 마음을 품어 모든 일에 정함이 없는 자로다

위의 성경 구절들은 명확하게 하는 것이 얼마나 중요한지를 우리에게 보여주고 있습니다. 야고보 사도는 만일 어떤 사람이 흔들리면waver – 마음을 확실하게 정하지 못한 것 – 그런 사람은 모든 일에 정함이 없다고 했고 주님으로부터 아무것도 받기를 기대하지 말라고 했습니다.

종종 우리는 기도하고 있는 것에 대해 명료하지 못합니다. 내가 사람들에게 무엇을 기도하고 있느냐고 물었을 때 그들은 무엇을 기도하고 있는지 모른다고 대답하는 경우도 있었습니다. 어떤 사람은 기도해야 하니까 기도한다고 대답했습니다.

물론, 우리가 하나님을 경배하고 교제하는 기도도 있지만, 이번 과에서 우리가 우선 다루고 있는 기도 종류는 응답받기 위해서 하는 기도입니다. 만일 우리가 주의하지 않으면 특별한 필요가 있어 응답을 받아야 되는 기도임에도 불구하고 일반적인 기도로 하게 될 수도 있습니다.

만일 여러분이 대형 매장에 가서 카트를 끌고 부지런히 이리저리 다니면서 아무것도 사지 않는다면 사람들은 당신이 뭔가 잘못된 사람이라고 생각할 것입니다. 만일 당신이 아이에게 이런저런 물건들을 사오라고 지시하고 내보냈을 때 그 아이가 당신의 지시한 것들을 사왔다면 그 아이는 그 일을 명확하게 한 것입니다.

기도의 경우도 마찬가지입니다. 무엇을 기도하는지 모르면서 목표 없이 두세 시간 하는 기도보다는 무엇을 기도하는지 알고 명확하게 하는 2, 3분의 기도가 더 낫습니다.

하나님께 무엇을 얻고 싶은지 정하고 그것에 대해 명확하십시오.

제 2단계 : 당신의 기도 응답과 관련된 성경 구절들을 읽으십시오

수 1:8
이 율법 책을 네 입에서 떠나지 말게 하며 주야로 그것을 묵상하여 그 안에 기록된 대로 다 지켜 행하라 그리하면 네 길이 평탄하게 될 것이며 네가 형통하리라

기도에 성공하기 위해서는 하나님의 말씀이 무엇보다도 우선되어져야 합니다. 우리가 하나님의 말씀으로 우리 자신을 먹일 때 우리는 하나님의 말씀으로 속사람을 세우게 됩니다. 그렇게 하면 언제든지 어떤 필요가 있을 때 우리는 준비되어 있습니다. 마귀가 우리에게 하나님을 의심케 하고 우리가 기도하고 있는 것을 얻지 못하게 하려고 할 때 우리는 적절한 성경 구절들로 마귀에게 대항할 수 있습니다.

사탄이 광야에서 예수님께 돌이 변하여 떡덩이가 되게 하라고 했을 때 예수님께서는 말씀으로 대적하셨습니다. 예수님은 "기록된바 사람이 떡으로만 살 것이 아니라 하였느니라"라고 말씀하셨

습니다. 그 후에 사탄이 예수님을 높은 산으로 이끌고 가서 순식간에 세계 모든 나라를 그에게 보여 주었습니다. 그리고 마귀는 예수님이 자기에게 절하면 그 모든 나라들을 주겠노라고 말했습니다. 다시 예수님께서 대답하셨습니다. "기록된 바 주 너의 하나님께 경배하고 다만 그를 섬기라 하였느니라."

다시 그 마귀가 예수님을 성전 꼭대기에 세우고 말했습니다. "네가 만일 하나님의 아들이어든 여기서 뛰어내리라." 또 다시 예수님은 말씀으로 대적하셨습니다. "주 너의 하나님을 시험하지 말라 하였느니라."눅 4:3-12

예수님께서는 오늘날 모든 믿는 자들도 동일하게 가지고 있는 무기인 하나님의 말씀으로 마귀를 무찌르셨습니다.

유혹이나 의심에 직면하였을 때 우리가 해야 할 일은 "하나님 말씀에 기록하기를…"이라고 말하는 것입니다. 만일 그 성경 구절이 우리의 심령에 견고히 심겨져 있다면 우리는 마귀의 어떤 공격에도 이길 수 있도록 준비되어 있는 것입니다.

우리가 어떤 일 가운데 인도받을 때에도, 하나님께서 당신이 처한 어떤 상태에 대해 무엇이라고 말씀하셨는지 성경 구절들을 찾아보십시오. 하나님의 말씀은 우리에게 하나님의 뜻을 명확하게 보여 줍니다. 만일 우리가 구하는 것이 하나님의 말씀 가운데 약속되어 있지 않다면 우리는 그런 것들을 기도해서는 안 됩니다. 하나님께서 하나님의 말씀 중에 우리가 해서는 안 된다고 말씀하신 것들은 그 어떤 것도 원하지 말아야 합니다.

이와는 반대로 하나님의 말씀 중에 약속된 것을 위해서 기도할 때는 우리가 필요한 그것을 하나님께서 주실 것이라는 완벽한 확신을 가질 수 있습니다. 몇 년 전, 나는 성경책 사이에 있는 빈 페이지에 빨간 잉크로 이렇게 썼습니다. "성경이 말하고 있고 내가 그대로 믿는다면 그것은 이루어진다!(The Bible says it, I believe it, and that settles it!)"

많은 사람들은 그들의 믿음을 초월한 것들을 기도하려고 애씁니다. 우리에게 믿음을 생기게 하는 것은 바로 하나님의 말씀입니다. "그러므로 믿음은 들음에서 나며, 들음은 그리스도의 말씀으로 말미암았느니라." 롬 10:17 사람들이 확신과 믿음에 찬 기도를 할 수 없는 이유는 그들이 구하고 있는 것이 하나님의 뜻에 맞는 것인지 맞지 않는 것인지 구별할 만큼 성경 구절들을 잘 모르기 때문입니다. 그들이 구하고 있는 것이 하나님의 뜻이기를 소망하지만 하나님의 뜻에 맞는지를 알지 못합니다. 우리가 하나님의 말씀을 읽고 하나님의 뜻에 대해 배우면 우리의 필요에 따라 하나님의 약속들을 적절히 사용할 수 있습니다.

제 3단계 : 당신이 원하는 것들을 하나님께 구하십시오

마 7:7,8

7 구하라 그리하면 너희에게 주실 것이요 찾으라 그리하면 찾아낼 것이요 문을 두드리라 그리하면 너희에게 열릴 것이니

8 구하는 이마다 받을 것이요 찾는 이는 찾아낼 것이요 두드리는 이에게는 열릴 것이니라

마태복음 6장 8절에서 예수님은 "구하기 전에 너희에게 있어야 할 것을 하나님 너의 아버지께서 아시느니라"라고 말씀하셨습니다. 그러나 성경 그 다음 장에서는 위의 인용한 말씀과 같이 우리에게 필요한 것을 구하라고 말씀하십니다. 그러므로 하나님께서 우리의 필요들을 아신다 해도 하나님께서는 우리가 그 필요들을 하나님께 가지고 와서 그의 도움을 구하기를 원하십니다.

제 4단계 : 받은 줄로 믿으십시오

막 11:23,24
23 내가 진실로 너희에게 이르노니 누구든지 이 산더러 들리어 바다에 던져지라 하며 그 말하는 것이 이루어질 줄 믿고 마음에 의심하지 아니하면 그대로 되리라
24 그러므로 내가 너희에게 말하노니 무엇이든지 기도하고 구하는 것은 받은 줄로 믿으라 그리하면 너희에게 그대로 되리라

확대번역 성경Amplified Bible에서는 위의 성경 구절을 이렇게 번역했습니다. "무엇이든지 기도로 구한 것은 당연히 당신에게

주신 것을 확신을 가지고 믿으십시오. 그러면 그대로 받을 것입니다."

그 구절을 좀 더 잘 이해하기 위해서 진리에는 두 종류의 진리가 있다는 것을 알아야 합니다. 그 하나는 감각으로 알 수 있는 진리sense-knowledge truth이고 다른 하나는 계시적 진리revelation truth입니다. 어떤 사람들은 진리란 그들의 눈으로 볼 수 있어야 그것이 진리라고 생각합니다. 그러나 우리는 영적인 것들을 우리의 눈으로 볼 수 없습니다. 그것들은 육신적인 것이 아니고 물질적인 것도 아니기 때문입니다.

우리에게 필요한 모든 것들은 영적인 영역에 준비되어 있습니다. "찬송하리로다 하나님 곧 우리 주 예수 그리스도의 아버지께서 그리스도 안에서 하늘에 속한 모든 신령한 복을 우리에게 주시되"엡 1:3 우리의 필요들은 그리스도 예수 안에서 이미 준비되어져 있습니다. 우리는 그것들을 항상 볼 수 없을 지라도 그것들은 이미 주어진 것입니다.

감각으로 느끼는 진리가 하나님 말씀이나 계시적 진리와 상반될 때 나는 계시적 진리를 의지하고 살아갑니다.

나는 하나님의 말씀을 의지하고 살아갑니다.

영적인 영역에 있는 하나님이 예비하신 그것들은 믿음을 통해서 자연적 세계 안에 실제로 나타나게 됩니다. 믿음은 하나님이 예비하신 모든 것 하나하나가 우리의 삶에 실재하도록 창조하는 능력이 있습니다.

그러므로 당신이 기도할 때, 기도로 구한 그것을 받은 줄로 믿으십시오. 그러면 그대로 될 것입니다. 이러한 일들은 우리의 자연적 사고를 초월한 것들입니다. 우리의 자연적 사고는 그러한 일들을 이해할 수 없습니다. 그러나 우리는 보는 것으로 말미암아 사는 자들이 아니고 믿음으로 사는 자들입니다.

내가 어떤 작은 교회에서 집회하고 있던 중에 있었던 일입니다. 내가 설교하던 예배당 안은 너무나 더웠습니다. 예배를 마치고 밖으로 나왔을 때 내 몸은 땀으로 흠뻑 젖어 있었습니다. 별안간 밖의 찬 바람이 내 얼굴에 닿자 목이 아프기 시작했고 주차장에 도착할 무렵에는 말을 하기가 어려울 지경이었습니다. 그 다음날 나는 가슴에 통증을 느꼈고 작은 소리로 속삭이는 것 외에는 전혀 말을 할 수 없었습니다. 나는 병 고침에 관한 성경 구절들을 읽기 시작했습니다. 내 앞에 성경을 펼쳐놓고 조용히 이렇게 기도했습니다.

"주님, 당신의 말씀은 내가 이미 나았다고 말합니다. 만일 내가 내 육체에게 내가 나았냐고 물으면 내 육체는 아니라고 대답할 것입니다. 내가 내 감각에게 내가 나았냐고 묻는다면 내 감각은 아니라고 대답할 것입니다. 내가 내 주위의 사람들에게 내가 나았냐고 묻는다면 그들은 아니라고 대답할 것입니다.

하나님 말씀에는 하나님은 참되시고 모든 사람은 거짓말하는 자들이라고 하셨습니다. 그러므로 내가 '나는 아직 낫지 않았다' 라고 말한다면 나는 거짓말하는 자입니다. 로마서 3장 4절은 말씀합니다. '그럴 수 없느니라 사람은 다 거짓되되 오직 하나님은 참되시다 할지어다 기록된 바 주께서 주의 말씀에 의롭다 함을 얻으시고 판단 받으실 때에 이기려 하심이라 함과 같으니라.'"

저녁 예배 시간이 되어서 내가 마이크로 다가가서 '나를 치료해 주신 하나님께 감사 합니다'라고 말했을 때 회중들은 목사님이 정신 나간 것이 아닌가 하는 듯이 나를 쳐다봤습니다. 왜냐하면 그때 까지도 나는 겨우 속삭이고 있었기 때문입니다.

나는 병 고침에 관한 하나님의 말씀들을 그들에게 전하기 시작했습니다. 말씀 안에서 내가 이미 병 고침을 받았다는 성경 구절들을 그들에게 보여 주었습니다. 그리고 나는 하나님의 말씀은 참되고 진리이므로 내가 낫지 않았다고 말한다면 내가 거짓말을 하게 되는 것이라고 말했습니다. 나는 회중들이 함께 일어나서 내가 나은 것에 대해 하나님께 함께 감사와 찬양을 드리자고 제안했습니다.

우리 모두가 일어서서 하나님을 찬양했고 내가 '할렐루야'를 두 번 했을 때 내 목소리는 회복되었습니다. 그런 후에 나는 강하고 명확한 목소리로 설교했습니다. 그날 밤, 회중들은 행동하는 믿음을 실례로 본 것입니다.

우리는 우리가 원하는 것을 하나님께 구하고 그것을 받은 줄로 믿기만 하면 됩니다.

암송 구절 :

구하라 그리하면 너희에게 주실 것이요 찾으라 그리하면 찾아 낼 것이요 문을 두드리라 그리하면 너희에게 열릴 것이니 구하는 이마다 받을 것이요 찾는 이는 찾아낼 것이요 두드리는 이에게는 열릴 것이니라(마 7:7,8)

배운 것을 행하십시오 :

너희는 말씀을 행하는 자가 되고 듣기만 하여 자신을 속이는 자가 되지 말라(약 1:22)

제 2 과

응답 받는 기도의 7단계 (2부)

성경 구절 : 잠 4:20-22, 빌 4:6

핵심 진리 : 믿음의 생각들을 생각하고 믿음의 말들을 하는 것이 여러분의 심령을 실패로부터 끌어내어 승리하게 합니다.

앞 과에서는 응답 받는 기도의 네 가지 단계까지 다뤘습니다.

1. 당신이 하나님께 얻고자 하는 것이 무엇인지 결정하십시오. 당신이 간구할 것에 대해 명확하게 하십시오.
2. 당신이 원하는 응답과 관련된 하나님의 약속에 해당하는 성경 구절을 읽으십시오. 성경 안에서 당신의 필요에 적용할 성경 구절들을 찾아서 그 하나님의 말씀을 당신의 심령 안에 확고히 심어서 사단의 공격을 능히 이기도록 하십시오.
3. 당신이 원하는 바를 하나님께 구하십시오. 당신이 원하는 것이 무엇인지 하나님께 알리는 것입니다. 하나님께서 당신의 필요가 무엇인지 미리 아신다 해도 우리가 원하는 것을 하나님께 알려드리는 것이 하나님의 계획이십니다.

4. 구한 것은 받은 줄로 믿으십시오. 주변의 환경을 바라보지 않는 확고한 믿음으로 발전시키십시오. 이런 믿음은 좋은 결과를 창출합니다.

이번 과에서는 더 효과적인 기도를 위하여 해야 할 남은 세 가지 단계에 대해 다루겠습니다.

제 5단계 : 의심을 거절하십시오

당신의 모든 생각과 욕망을 당신이 구한 것은 이미 받았다는 생각으로 가득 채우십시오. 기도 응답이 안 될지도 모른다는 생각을 당신의 마음속에 절대 허락하지 마십시오. 당신이 구한 것을 받았다는 사실을 한순간이라도 의심하지 마십시오. 만일 의심이 계속 생기면 그 의심들을 꾸짖으며 대적하십시오. 야고보서 4장 7절은 "마귀를 대적하라 그리하면 너희를 피하리라"라고 했습니다. 의심은 마귀가 주는 것입니다. 의심을 대적하십시오. 당신의 믿음에 도움이 되지 않는 모든 상상이나 제안, 감정이나 생각들을 뿌리째 뽑아버리십시오. 당신이 하나님께 원하는 것들에 대한 고백에 도움이 되는 것들에만 집중 하십시오.

내 딸 팻Pat이 세살이 되었을 때 왼쪽 눈가에 작은 혹이 생겼습니다. 그 혹은 계속 자라서 팻의 새끼손가락 굵기가 되었고 걱정거리가 되었습니다.

나는 그 혹이 없어질 것이라는 것을 내 영으로 알았습니다. 내 친구들은 우리에게 "아, 아마도 그건 팻이 더 크게 자라면서 없어질 거야"라고 말했습니다. 나는 하나님께서 팻을 치유하셨다고 하더라도 그들은 그런 혹이 원래 저절로 없어지는 것이었다고 말할 것을 알았기 때문에 팻을 안과 전문의에게 데려가서 검사를 받게 했습니다.

의사는 팻에게 생긴 그 혹은 절대로 저절로 없어지는 종류가 아니기 때문에 수술을 해야 한다고 하면서 그 혹이 더 커져서 얼굴 위에 덜렁거리기 전에 바로 수술 받을 것을 제안했습니다. 나는 그 의사에게 진단해 준 것에 대해 감사하고 병원을 나왔습니다.

그날 밤 10시 15분쯤에 나는 그 문제를 놓고 이렇게 기도했습니다. "주님, 의사는 수술해야 한다고 말했지만 요한복음 16장 23절은 말하기를 '너희가 무엇이든지 아버지께 구하는 것을 내 이름으로 주시리라'라고 했습니다. 저는 이 성경 구절을 붙잡았습니다. 제가 하나님께 구했고 하나님께서 이미 이루신 것을 믿습니다. 저는 오늘 밤 10시 15분을 기해 제 아이가 치유 받은 것을 믿습니다. 병 고쳐 주신 주님께 감사드립니다."

내가 침대로 가기 위해 일어설 때 마귀는 내게 불을 켜고 진짜 혹이 없어졌는지 확인해 보라고 속삭였습니다. 나는 즉시 그 생각을 거절했습니다. 그날 밤 나는 여러 번 잠에서 깨어났는데 그 혹이 아직도 있는지 가서 보라고 하는 생각 때문이었습니다. 나는 "사탄아, 내가 왜 일어나 불을 켜고 혹이 없어졌는지 봐야하니? 나는 이미 치유된 것을 믿는다. 나는 구한 것은 주신다는 하나님의 말씀을 가지고 있어"라고 말했습니다. 그 다음날 아침에도 똑같은 제안이 왔지만 나는 그런 제안을 내 안에서 거절하고 밀어냈습니다. 나는 계속해서 팻이 어젯밤 10시 15분에 치유를 받았다고 말했습니다.

아침 식사를 하려고 모였을 때 그 혹은 아직도 팻의 눈가에 있었지만 성경은 우리가 보는 것으로 행하지 아니하고 믿음으로 행한다고 말씀합니다. 나는 눈에 보이는 혹을 무시하고 믿음으로 행하며 하나님이 팻을 치유해 주신 것에 대해 계속 감사했습니다.

저녁 식탁에 식구들이 모일 때마다 나는 그 못생긴 혹이 내 앞에 떡 버티고 있는 것을 보았습니다. 그러나 내가 그날 밤 10시 15분에 기도하고 믿을 때에 하나님이 팻을 치유해 주신 것을 감사했습니다.

나는 하나님이 치유해 주신 것에 대해 감사하는 것에 너무나 몰두해 있었기 때문에 그 혹이 언제 떠났는지 알지 못했습니다. 며칠 후 나는 운전하고 있을 때 팻은 보조석에 있는 내 아내 오레타Oretha와 나 사이에 서 있었습니다. 내가 무언가 말하려고 오레타 쪽으로 고개를 돌렸을 때 팻의 얼굴에 있던 혹이 사라진 것을 발견했습니다. 내가 오레타에게 그것에 대해 말했을 때, 그 혹이 없어진지 벌써 열흘이나 지났다고 했습니다.

우리 육체의 감각이 우리에게 아무 일도 일어나지 않았다고 말했을지라도 우리는 하나님께서 응답해 주셨음을 믿고 감사한 결과로 이적들을 보았습니다. 이것이 기도로 싸우고 승리하는 영역에서 일어나는 일입니다.

우리의 생각들은 관찰이나 연상 작용이나 가르침에 의해 지배 받습니다. 우리는 우리 마음으로 들어오는 모든 악한 생각과 의심들을 경계해야만 합니다. 하나님께서 우리의 기도를 응답해 주셨다는 우리의 고백에 도움이 되지 않는 모든 장소와 일들로부터 우리 자신을 멀리 해야만 합니다. (때로는 믿음 보다 의심을 더 많이 가르치는 교회로부터 우리 자신을 멀리 해야 하는 것을 의미하기도 합니다.)

빌립보서 4장 8절은 말씀합니다. "끝으로 형제들아 무엇에든지 참되며 무엇에든지 경건하며 무엇에든지 옳으며 무엇에든지 정결하며 무엇에든지 사랑 받을 만하며 무엇에든지 칭찬 받을 만하며 무슨 덕이 있든지 무슨 기림이 있든지 이것들을 생각하라"

제 6단계 : 해당되는 약속들을 묵상하십시오

잠언 4:20-22

20 내 아들아 내 말에 주의하며 내가 말하는 것에 네 귀를 기울이라

21 그것을 네 눈에서 떠나게 하지 말며 네 마음 속에 지키라

22 그것은 얻는 자에게 생명이 되며 그의 온 육체의 건강이 됨이니라

당신의 기도 응답에 기초가 되는 약속들을 지속적으로 묵상하십시오. 하나님께 구한 것을 소유한 당신 자신을 바라보며 그 응답이 실제로 나타난 것 같이 계획을 세우십시오. 당신이 하나님의 말씀으로 행한다면 하나님께서는 하나님의 말씀을 반드시 이루십니다.

하나님의 말씀은 하나님께서는 기도를 들으시고 기도에 응답하신다고 말씀합니다. 만일 하나님의 말씀이 당신의 눈에서 떠나지 않는다면, 당신은 구한 것을 이미 받은 자신을 확실히 볼 것입니다. 만일 당신이 구할 것들을 이미 받은 자신을 볼 수 없다면 하나님의 말씀은 당신의 눈에서 떠나있음이 분명합니다.

만일 당신이 하나님의 편에 서있지 않으면 하나님께서 아무리 당신 편이 되기 원하셔도 당신 편이 될 수 없습니다. 하나님께서 일하시는 오직 한 가지 길은 그의 말씀을 통해서입니다. 하나님께서는 말씀을 따라서 움직이십니다. 하나님께서는 그의 말씀을 그의 이름 위에 두셨습니다! 만일 당신이 하나님의 말씀에 선다면 하나님은 당신 편이 될 것입니다.

많은 사람들이 기도하고 또 기도하지만 그들은 하나님의 말씀으로 기도하지 않습니다. 요한복음 15장 7절에 말씀하시기를 "너희가 내 안에 거하고 내 말이 너희 안에 거하면 무엇이든지 원하는 대로 구하라 그리하면 이루리라"라고 하셨습니다. 예수님께서는 '너희가 내안에 머물러 있으면' 이라고만 말씀하지 않으셨고 '내 말이 너희 안에 머물러 있으면' 이라고 덧붙이셨습니다. 그의 말씀이 우리 안에 머물러 있으면 우리는 단단한 기반을 가지고 있는 것입니다.

텍사스 주 포트워스에 나이 많은 복음전도자를 위해 기도하러 간적이 있습니다. 많은 사람들이 그녀의 사역을 통해서 구원 받았고 성령 충만함을 받았습니다. 이제 82세인 그녀는 의사가 수술하려고 그녀의 몸을 열었을 때 6가지 암이 발견되었고 수술할 수가 없어 다시 열었던 자리를 꿰매고는 이제 살 날이 얼마 남지 않았다고 그녀에게 말해 주었습니다. 몇 달이 지났는데도 그녀는 아직도 침대에 누워 살아 있었습니다.

내가 그녀에게 말했을 때, 그녀는 이제 충분히 죽을 나이가 되었다고 말했지만, 나는 그녀에게 하나님께서 그녀를 치료할 기회를 드려서 치유 받고 더 많은 영혼을 구원해야 한다고 권면했습니다. 그리고 나는 그녀에게 잠언 4장 20-22절 말씀을 읽어 주고 건강해 져서 복음을 전하는 자신을 그려 보라고 했습니다.

내가 8개월 후 다시 이 여인을 보았을 때, 그녀는 전도 집회를 열고 있느라 무척 바빴습니다! 그녀가 내가 인도하는 예배에 와서 예배 후에 내게 다가와 나를 얼싸안고 포옹했을 때 나는 너무나 놀랐습니다. 곧 그녀는 내가 그녀를 알아보지 못한 것을 알아 챘습니다. 그녀의 몸무게가 많이 늘었기 때문에 다른 사람 같아 보였고 아주 건강하게 보였습니다.

그녀는 내가 자기를 죽게 내버려두지 않아서 너무나 기쁘다고 말했습니다. 그녀는 내가 지시한대로 한 것입니다. 그녀는 자신이 건강해진 모습을 그리기 시작했고 이제 다시 하나님을 위해 일하고 있었습니다. 그녀는 여름 내내 전도 집회 스케줄이 꽉 차 있다고 했습니다.

나중에 듣게 되었지만 이 여인은 91세까지 살았는데 암으로 죽지 않았습니다. 그녀는 우리 주님을 위해 수년 동안 더 풍성한 열매를 맺을 수 있었던 것입니다. 그녀가 치유받기 전에는 그녀 자신이 죽는 것을 그리고 있었지만, 내가 하나님께서 그녀에게 준비해 놓은 것들을 볼 수 있게 도왔던 것입니다.

우리는 응답받은 우리 자신의 모습을 보아야만 합니다.

제 7단계 : 하나님께 찬양을 드리십시오

> 빌 4:6
> 아무 것도 염려하지 말고 다만 모든 일에 기도와 간구로, 너희 구할 것을 감사함으로 하나님께 아뢰라

'아무것도 염려하지 말고'는 '아무 것도 걱정하지 말라'는 뜻입니다. 확대번역 성경Amplified Bible에서는 '어떤 일에 든지 초조해 하거나 걱정하지 마십시오"라고 번역했습니다. 우리가 초조해 하고 걱정하고 있는 한 기도와 금식은 효과가 없습니다.

위 구절에서는 '감사함으로'라고 했는데 이것은 어떤 일에 대해 기도한 후에 해야 할 일입니다. 우리는 기도한 후에 그 기도가

응답된 것을 하나님께 감사합니다.

  응답받는 기도를 위해서 마지막 단계로 해야 할 일은 하나님께서 당신을 위해 이미 하신 일과 또 지금 하고 계신 일에 대하여 지속적으로 감사와 넘치는 찬양으로 당신의 심령을 하나님께 올려드리는 것입니다.

  당신의 필요를 구한 기도에 대해서는 불신앙의 말로 기도하지 말고 항상 믿음과 찬양의 말로 기도하십시오. 마치 당신이 쉽게 의심이나 불신앙의 생각들을 하는 것처럼 이렇게 하는 것도 쉽게 할 수 있는 일입니다.

  믿음의 생각들과 믿음의 말들은 당신의 심령을 실패에서 끌어내어 승리하는 자가 되게 합니다!

  실패를 받아들이지 마십시오. 권리를 빼앗기지 마십시오. 하나님께서 약속하신 것을 받는 것은 구원받은 자로서의 당신의 권리이며 하나님의 자녀로서의 당연한 권리입니다. 그것은 당신 것입니다. 그것은 당신에게 나타나게 될 것입니다. 그것을 받아들이십시오. 그러면 그것은 실제로 당신 삶에 나타나게 됩니다.

  앤드류 머레이Andrew Murray는 이렇게 말했습니다. "하나님께 어떤 것을 해달라고 기도한 후에 같은 기도를 반복해서 하는 것은 바른 방법이 아닙니다. 만일 당신이 이미 구했지만 아직 나타나지 않은 것을 위해 기도할 때는 또 똑같이 구하지 마십시오. 왜냐하면 그것은 불신앙이기 때문입니다. 이런 경우, 당신이 그것을 구했다는 것과 그 약속들이 들어 있는 성경 구절들을 하나님께 상기 시켜

드리고 당신이 그 응답이 나타나기를 기대하고 있다고 말씀하십시오. 그리고는 응답 주신 것에 감사하십시오."

종종 사람들은 기도할 때 불신앙 안에 거하며 마치 수레바퀴를 돌리듯 계속 같은 기도를 반복합니다. 텍사스 주에서 집회 도중 레이몬드 리치Raymond T. Richey 목사님이 병원에서 죽어가고 있는 어떤 사람을 위해 기도를 인도하는 것을 들은 적이 있습니다. 우리는 함께 기도한 후, 하나님께서 우리 기도를 들으신 것에 대해 감사했습니다. 리치 목사님은 강단에서 내려와 나가다가 다시 마이크 앞으로 돌아와서 "병원에 있는 이 환자를 위해 계속 기도할 사람 손 들어 보세요"라고 말했고 거의 모든 사람이 손을 들었습니다.

"왜 또 기도하려고 합니까? 우리는 그 환자를 위해 이미 기도했으니 이제는 하나님께서 그 환자를 치유하신 것에 대해 계속 찬양합시다"라고 목사님은 말했습니다.

예배가 끝날 무렵 어떤 사람이 그 환자가 별안간 소생하기 시작했고 살아났다는 소식을 광고했습니다. 그 환자는 예수님이 그의 병실로 들어오는 것을 보았고 예수님이 그에게 "나는 너를 치료하는 하나님이다"라고 하시는 말씀을 들었다고 했습니다. 그리고는 그 환자가 깨어났고 회복되었던 것입니다. 이 일은 우리가 기도하는 중에 일어났습니다.

앞에서 언급한 '응답 받는 기도의 일곱 단계'를 받아들여 실천하는 그리스도인들은 그들의 기도 생활에 큰 승리를 발견할 것입니다.

암송 구절 :

너희가 내 안에 거하고 내 말이 너희 안에 거하면 무엇이든지 원하는 대로 구하라 그리하면 이루리라(요 15:7)

배운 것을 행하십시오 :

너희는 말씀을 행하는 자가 되고 듣기만 하여 자신을 속이는 자가 되지 말라(약 1:22)

제 3 과

하늘을 여는 기도

성경 구절 : 요 16:23,24; 엡 5:20

핵심 진리 : 예수의 이름은 하나님 아버지의 마음heart으로 들어가는 길입니다.

우리는 자동차의 문을 여는 열쇠를 가지고 있습니다. 우리는 내가 자동차 문을 열었다고 생각하지만 사실 자동차 문을 연 것은 바로 그 열쇠입니다. 우리는 시동을 거는 열쇠를 가지고 있습니다. 그 열쇠가 없다면 자동차를 움직일 수가 없습니다. 이 열쇠는 자동차를 운전하는데 매우 중요한 것입니다. 우리는 그 열쇠가 없이 아무데도 갈 수가 없습니다.

예수의 이름

우리가 기도할 때 하늘 문들을 열어서 우리가 필요한 것을 얻는 기도의 열쇠가 있습니다. 이 열쇠가 없이는 우리는 아무 곳에도 갈 수 없습니다. 이 열쇠는 요한복음 16장에 나와 있습니다.

> 요 16:23, 24
> 23 그 날에는 너희가 아무 것도 내게 묻지 아니하리라 내가 진실로 진실로 너희에게 이르노니 너희가 무엇이든지 아버지께 구하는 것을 내 이름으로 주시리라
> 24 지금까지는 너희가 내 이름으로 아무 것도 구하지 아니하였으나 구하라 그리하면 받으리니 너희 기쁨이 충만하리라

예수님은 우리의 중재자이시며, 중보자이시고, 변호자이시며 또 우리의 주이십니다. 예수님은 우리와 하나님 아버지 사이에서 계십니다. 성경 어디에도 예수님께서 제자들에게 예수님께 기도하라고 하신 것을 찾을 수 없습니다. 예수님은 제자들에게 예수 이름으로 하나님 아버지께 기도하라고 말씀하셨습니다. 그러므로 우리의 기도가 하나님의 보좌에 확실히 닿기를 원한다면 우리는 하나님의 말씀 안에 있는 법칙을 따라야만 합니다.

위의 본문에서 예수님은 "그 날에는 너희가 아무것도 내게 묻지 아니하리라"라고 말씀하셨습니다. 이 말씀은 예수님께서 떠나시기 전 제자들에게 하신 말씀입니다. 여기서 예수님은 하나님 보좌 우편에 앉아 계신 지금의 위치를 말씀하시고 계시는 것입니다.

다른 번역본에는 "그 날에는 너희가 내게 기도하지 않을 것이다"라고 되어 있습니다. 예수님은 예수 이름으로 하나님 아버지께 구하라고 하셨습니다. 이것이 우리를 위해 하늘 문을 여는 열쇠입니다.

우리가 예수님을 얼마나 사랑하는지 예수님께 말할 수 있지만 기도할 때에는 우리 주 예수를 통해서 하나님 아버지께 구해야 합니다. 에베소서 3장 14,15절에서는 "이러므로 내가 하늘과 땅에 있는 각 족속에게 이름을 주신 아버지 앞에 무릎을 꿇고 비노니"라고 했습니다. 여러분이 어떤 교회에 속해 있는가는 중요하지 않습니다. 그러나 우리가 어떤 가정에 속해 있는가는 중요한 일입니다.

넘치는 기쁨

요한복음 16장 24절에서는 "구하라 그리하면 받으리니 너희 기쁨이 충만하리라"라고 했습니다. 하나님 아버지께서 우리의 기도에 응답하시는 것을 아는 것은 진정한 기쁨입니다.

많은 사람에게 사랑받던 설교자였던 스미스 위글스워스Smith Wigglesworth 목사님은 그가 전임사역자가 되기 전 수년간을 배관공으로 일했습니다. 한번은 그가 어느 큰 집의 배관 공사를 하고 있었는데 그 집 여주인이 들어와서 그를 바라보고 다시 나가는 일을 반복하고 있음을 알았습니다. 마침내 그녀는 그가 일하고 있는 방으로 들어와서 앉더니 그에게 물었습니다. "도대체 당신은 무엇 때문에 그렇게 행복한 표정을 짓고 있습니까? 당신은 기쁨으로 가득 차 있는 것 같아요."

그는 그녀에게 그날 있었던 일을 말해 주었습니다. 그날 아침 식사하기 전 그의 아내가 그에게 말하기를 두 자녀가 몹시 아프다고 했고 두 내외가 식사 전에 이층으로 올라가 자녀들을 위해 손을 얹고 기도했을 때 그들이 즉시 치유를 받아 함께 내려와 모두 아침 식사를 했다고 그녀에게 말해 주었습니다. 위글스워스 목사님은 이렇게 너무나 좋은 예수님을 믿고 사는 것은 굉장한 일이라고 말하고는 그녀에게 성경 구절을 말해 주었습니다.

"구하라 그리하면 받으리니 너희 기쁨이 충만하리라"(만일 우리의 자녀들이 아프다면 우리의 기쁨은 충만하지 못할 것입니다. 그러나 주님께서는 우리가 필요한 것을 그에게 구하라고 말씀하셨고 '너희의 기쁨이 넘치게 될 것이다' 라고 하셨습니다.)

그 여인은 위글스워스 목사님에게 예수님께서 자기도 구원 하실 수 있는지 그리고 이와 같은 기쁨을 주실 수 있는지 물었습니다. 위글스워스 목사님은 예수님은 분명히 그렇게 하신다고 확신을 주었고 그녀는 주님을 영접한 후 기뻐하기 시작했습니다.

그녀는 위글스워스 목사님에게 그 기쁨을 지속적으로 가질 수 있는지 물어 보았고 그는 그것을 다른 사람에게 계속 나누어 주면 지속적으로 가질 수 있다고 말해주면서 그녀가 속한 클럽 모임에 가서 구원에 대해 친구들에게 말할 것을 권면했고 그녀는 클럽 친구들에게 말해 모두 구원받게 되었습니다. 이것이 바로 그 기쁨을 지속하는 방법입니다: 구원에 대해 다른 사람들에게 말하십시오.

만일 위글스워스 목사님이 아픈 두 자녀를 집에 두고 일하러 갔었더라면 그의 기쁨은 충만하지 못했을 것입니다. 아마도 그는 걱정했을 것입니다. 그는 우울하게 보였을 것입니다. 그러나 이와는 반대로 그의 얼굴에는 그를 바라보는 모든 사람이 너무나 분명하게 볼 수 있는 빛이 있었습니다. 무엇인가 그로부터 흘러나오는 듯했습니다. 그것이 무엇이었을까요? 그것은 바로 하나님 아버지께서 우리가 필요한 것을 그에게 구하면 믿음으로 받을 것이라고 약속하셨던 기쁨입니다.

또 한번은 위글스워스 목사님이 급박한 재정의 필요가 있었을 때의 일입니다. 바로 그때 그는 런던에 있는 부자의 저택을 방문하고 있는 중이였습니다. 위글스워스 목사님은 그의 재정적 부담을 주님께 간단히 위탁하고는 그것에 대한 걱정을 거절했습니다. 그는 아무에게도 그의 필요를 말하지 않았습니다. 그는 주님께서 그 문제를 해결해 주실 것을 알고 있었습니다.

그가 그의 친구와 함께 공원을 거닐 때 위글스워스 목사님은 행복해서 노래 부르며 그의 영으로 기뻐하고 있었습니다. 그 부자 친구는 위글스워스 목사님이 가진 그런 기쁨의 영을 가질 수만 있다면 그의 모든 재산과 바꾸고 싶다고 말했습니다. 위글스워스 목사님은 돈을 한 푼도 들일 필요가 없고 오직 모든 염려를 주께 맡기기만 하면 된다고 말해 주었습니다. 위글스워스 목사님은 이것이 바로 자신이 한 일이고 자신은 이 세상에서 염려 없이 살아간다고 말해 주었습니다. 그는 자유로웠고 또 행복했습니다. 그는 그의 재정적 필요를 그의 친구에게 언급하지 않았고 오히려 그리스도 예수 안에 있는 승리와 기쁨을 이야기했던 것입니다.

한 사람은 물질적 부요가 있었지만 기쁨이 없었습니다. 또 다른 한 사람은 물질적 결핍이 있었지만 기쁨으로 가득 차 있었습니다. 이렇게 할 수 있는 비밀이 무엇일까요? 위글스워스 목사님은 성경 말씀의 진리를 알았던 것입니다. "구하라 그리하면 받으리니 너희 기쁨이 충만하리라!"

재정적 부담이 당신을 억누르고 있는데도 기쁨으로 가득할 수 있을까요? 당장 내야 할 고지서가 있는데도 기쁨으로 가득할 수 있을까요? 당신이 하나님께 당신의 필요를 공급해 달라고 기도했다면 그리고 '그리하면 받으리니'의 믿음이 있다면 당신은 기쁨으로 가득 찰 수 있습니다.

사실을 초월하는 기쁨

때때로 당신은 기도한 것을 받기 전에 기쁨Joy을 가질 수 있어야 합니다. 만일 당신이 걱정하면서 문제를 홀로 해결해 보려고 노력한다면, 당신은 하나님께서 당신을 도와주는 것을 방해하는 것입니다. 하나님께 당신의 짐을 넘겨드리는 대신 당신 자신이 짐을 지고 있는 것입니다. 사실, 당신이 걱정하고 있다면 기도해도 소용이 없습니다. 왜냐하면 당신이 믿음으로 기도하고 있는 것이 아니기 때문입니다.

"아무 것도 염려하지 말고 다만 모든 일에 기도와 간구로, 너희 구할 것을 감사함으로 하나님께 아뢰라 그리하면 모든 지각에 뛰어난 하나님의 평강이 그리스도 예수 안에서 너희 마음과 생각을 지키시리라"빌 4:6-7

내가 전도 집회들을 인도하고 있을 때 종종 캘리포니아부터 텍사스까지 단번에 운전하곤 했습니다. 나의 어머니는 내가 여행하고 있다는 것을 알 때마다 주님께서 나와 함께 해달라고 기도한다고 말씀하셨습니다. 그리고는 밤새도록 걱정하며 깨어서 사고가 났다는 소식을 전하는 전화벨을 기다리고 있었습니다. 그래서 나는 어머니께 기도하고 걱정하며 깨어있다면 그 기도는 시간 낭비일 뿐이라고 말했습니다.

기도는 대단한 것입니다. "구하라 그리하면 받으리니 너희 기쁨이 충만하리라" 우리는 하나님께서 우리의 기도를 들으셨다는 하나님의 말씀을 가지고 있기 때문에 구한 것을 받기 전에 기쁨으로 가득해야 합니다.

에베소서 5장 20절에서는 "범사에 우리 주 예수 그리스도의 이름으로 항상 아버지 하나님께 감사하며"라고 했습니다. 바울이 모든 일에 언제나 우리 주 예수 그리스도의 이름으로 '아버지 하나님께 감사하라'라고 한 것을 주목하십시오. 바울은 우리에게 예수님이 아니라 아버지께 기도하라고 말했습니다. 예수의 이름으로 기도하는 것은 우리가 진정한 찬양과 감사 안에서 아버지께로 들어가는 길입니다.

어떤 사람이 내게 우리가 기도하든 안하든 큰 차이가 없다고 말한 적이 있습니다. 그렇다면 왜 하나님께서 바울에게 서신서를 쓰도록 영감을 주셨을까요? 이러한 성경 구절들이 중요하지 않다고 말하는 것은 요한복음 3장 16절이 중요하지 않다고 말하는 것만큼이나 어리석은 일입니다. 만일 우리가 요한복음 3장 16절이 중요하다고 믿는다면, 우리는 모든 성경 구절들도 중요한 것이고 이것들은 하나님 안에 살기 위해 주어진 강령이라는 것도 믿어야 합니다. 당신이 기도 응답을 받기 원한다면 하나님의 말씀의 가르침을 따르고 예수의 이름으로 하나님께 기도하십시오. 많은 사람들이 기도할 때 "예수님을 위하여For Jesus' sake"라고 기도를 마무리 합니다. 그러나 말씀은 예수님을 위하여 기도하라고 말하고 있지 않습니다. 우리는 예수의 이름으로 기도하라고 배웠습니다. 무엇이 다를까요?

만일 당신이 친구 대신에 친구의 수표를 가지고 현금으로 바꾸려고 은행에 갔다면, 은행원은 그 은행의 당신 구좌에 수표를 담보할 만큼 넉넉한 돈이 있냐고 물을 것입니다. 만일 당신 구좌에 충분한 돈이 없다면 그 은행원은 수표를 현금으로 바꾸어주지 않을 것입니다. 만일 당신이 그 은행에 구좌가 있는 사람의 수표를 가지고 있다면 그 수표를 현금으로 바꿀 수 있겠지요. 우리가 하나님께 나아가서 예수님을 위하여 우리에게 무엇인가 해달라고 구하는 것은 이와 똑같은 일입니다. 우리는 우리의 신용으로 예수님을 도울 수 있도록 그 일을 이루어 달라고 기도하고 있는 것입니다. 내가 배 아플 때 예수님을 위하여 나를 치유해 달라고 기도하는 것은 바보스러운 일입니다. 아픈 것은 바로 내 위장이니까요. 나는 예수님을 위해 치유받기를 원하는 것이 아닙니다.(도움이 필요한 것은 바로 우리입니다. 예수님은 자격과 신용을 가지고 있고 우리는 그의 이름으로 하나님께 나아갈 수 있습니다).

우리가 어떠한 태도를 가지고 있는가에 따라 결과는 큰 차이가 납니다. 우리가 기도함에 있어 여러 번 실패하는 이유는 우리의 접근이 잘못되었기 때문입니다. 우리는 종종 하나님이 우리가 잘해서 혹은 우리의 선함으로 인하여 기도를 들어 주실 것이라고 생각합니다.

베드로와 요한이 미문에서 앉은뱅이에게 사역할 때, 사도행전 3장에 기록된 바와 같이 그 기적을 본 사람들이 놀랐습니다. 그들은 앉은뱅이가 치유 받은 것은 두 사도의 특별한 능력 때문이라고 믿었습니다. "베드로가 이것을 보고 백성에게 말하되 이스라엘 사람들아 이 일을 왜 놀랍게 여기느냐 우리 개인의 권능과 경건으로 이 사람을 걷게 한 것처럼 왜 우리를 주목하느냐"행 3:12

우리가 능력이 있다거나 거룩하기 때문에 우리의 기도가 응답되는 것이 아닙니다. 우리의 선함을 인해서도 기도의 응답을 받을 수 없습니다; 기도의 응답은 예수님 때문입니다. 그분은 하늘의 권세가 있으신 분입니다. 그분은 아버지께로 나아갈 수 있는 유일한 길이십니다. 다른 길로는 그곳으로 갈 수 없습니다. 우리는 그분의 이름으로 아버지께 옵니다. 예수님은 우리에게 예수의 이름을 사용할 권리와 권세를 주셨습니다. 우리의 기도 응답을 보는 열쇠는 예수님의 놀라운 이름으로만 가능합니다.

암송 구절 :
그날에는 너희가 아무 것도 내게 묻지 아니하리라 내가 진실로 진실로 너희에게 이르노니 너희가 무엇이든지 아버지께 구하는 것을 내 이름으로 주시리라(요 16:23)

배운 것을 행하십시오 :
너희는 말씀을 행하는 자가 되고 듣기만 하여 자신을 속이는 자가 되지 말라(약 1:22)

제 4 과

예수님의 이름의 권세

성경 구절 : 막 11:17, 18

핵심 진리 : 예수님은 우리에게 그의 이름을 사용할 권리와 위임권을 주셨습니다.

하나님은 기도를 들으시고 응답하십니다. 우리는 거기에 대해서 아주 잘 알아야 합니다. 기도는 확실히 응답됩니다. 종종 사람들은 어두운데서 여기저기 찌르듯이 기도합니다. 그리고는 기도했다고 합니다. 그들은 무슨 일이 그냥 일어나 주기를 소망합니다.

그러나 우리는 분명히 하나님의 말씀에 서서 하늘과 지옥과 온 땅으로 하여금 하나님의 말씀은 진리이고 우리는 그것을 믿는다는 것을 알도록 해야 합니다.

우리는 기도에서도 성장할 필요가 있습니다. 많은 경우에 하나님이 우리 수준으로 내려오셔서 우리를 기본적인 수준에서 만나주실 수도 있습니다. 그러나 우리가 영적으로 자라서 하나님이 원하는 수준에서 만나는 것이 훨씬 좋습니다.

성경은 우리의 자연적 성장과 영적인 성장에는 비슷한 점이 많다고 가르칩니다. "갓난아기들 같이 순전하고 신령한 젖을 사모하라 이는 그로 말미암아 너희로 구원에 이르도록 자라게 하려 함이라"벧전 2:2 이미 어른이 되어 태어나는 사람은 아무도 없습니다. 우리는 모두 아기로 태어나서 자랍니다. 거듭날 때부터 성숙한 그리스도인으로 태어나는 사람은 아무도 없습니다. 그리스도인들도 갓난아기로 태어나서 자라갑니다. 말씀으로 성숙해지면서 우리의 기도 생활도 개선되어야 합니다.

내가 어렸을 때는 이렇게 기도했습니다. "난 이제 자려고 해요." 그러나 나는 더 이상 그렇게 기도하지 않습니다. 나는 그 수준 이상으로 자랐습니다. 우리가 영적으로 어린아이일 때에는 아무렇게나 기도할 수 있겠지만 하나님은 우리가 영적으로 성장하기를 원합니다. 하나님은 이제 수년 전보다 우리에게 더 많이 요구하십니다.

예수 이름 안의 믿는 자의 권리

> 막 16:17,18
> 17 믿는 자들에게는 이런 표적이 따르리니 곧 그들이 내 이름으로 귀신을 쫓아내며 새 방언을 말하며
> 18 뱀을 집어 올리며 무슨 독을 마실지라도 해를 받지 아니하며 병든 사람에게 손을 얹은즉 나으리라 하시더라

기도는 예수님의 이름으로 아버지께 해야 합니다. 이것이 기도를 응답받는 열쇠입니다. 이 과에서는 예수님의 이름 안에 있는 우리의 권리를 살펴보겠습니다.

예수님은 우리에게 위임권, 즉 이름을 대신하여 쓸 수 있는 권리를 주셨습니다. 우리는 우리 개인의 필요를 위하여 기도할 때와 마귀를 다룰 때 그 이름을 사용합니다. 예수님은 "내 이름으로 귀신을 쫓아 내며"라고 말씀하셨습니다.

예수님이 70명의 제자들을 세워서 내보냈습니다. "칠십 인이 기뻐하며 돌아와 이르되 주여 주의 이름이면 귀신들도 우리에게 항복하더이다" 눅 10:17

사도행전 16:16-18절에서 우리는 소녀에게서 귀신을 쫓아 내는 것을 읽었습니다. "우리가 기도하는 곳에 가다가 점치는 귀신 들린 여종 하나를 만나니 점으로 그 주인들에게 큰 이익을 주는 자라 그가 바울과 우리를 따라와 소리 질러 이르되 이 사람들은 지극히 높은 하나님의 종으로서 구원의 길을 너희에게 전하는 자라 하며 이같이 여러 날을 하는지라 바울이 심히 괴로워하여 돌이켜 그 귀신에게 이르되 예수 그리스도의 이름으로 내가 네게 명하노니 그에게서 나오라 하니 귀신이 즉시 나오니라"

나는 정신 병원에 있는 어떤 여자의 딸을 알고 있습니다. 그녀는 딸을 위하여 믿음의 기도를 하기로 결심했습니다. 예수 그리스도의 이름의 권세를 행사하여 그 딸을 묶고 있는 귀신을 쫓아 내기로 결심했습니다.

그녀는 믿음이 좋은 12명의 여인들에게 정신병원에 함께 방문해달라고 부탁하였습니다.

그들이 정신병원에 도착했을 때 그 어머니는 경비원들에게 이렇게 말했습니다. "내가 기도하려고 왔으니 문을 열어 주시기 바랍니다. 나는 딸을 위해서 기도해야겠습니다."

"그렇게 할 수 없습니다. 아마 따님이 당신을 죽일 거예요. 따님은 지금 제정신이 아니라 아주 난폭한 상태입니다"라고 그는 대답했습니다.

그는 파면당할 위험이 있기 때문에 문을 열어 줄 수 없다고 계속 말하면서도 손으로는 문을 열고 있었습니다. 어머니는 들어갔고 그는 다시 문을 잠갔습니다.

정신이 나간 딸은 사람이라기보다는 짐승처럼 보였습니다. 머리와 손톱은 아주 길었고 침을 뱉고 식식거리고 있었습니다.

밖에서 12명의 여인들이 조용히 기도하고 있는 동안 그 어머니는 안에서 예수의 이름으로 귀신은 나오라고 명령을 하며 소리를 높여 기도했습니다. 그녀는 이렇게 10분쯤 기도했습니다.

갑자기 딸이 누그러지더니 올려다보며 말했습니다. "엄마! 엄마예요?" 그녀는 그녀에게 두 손을 감고 포옹하며 입을 맞추었습니다. 그날 병원에서는 그녀가 치유되었다고 퇴원을 시켰습니다. 이 어머니는 그녀의 권리를 잘 알고 있었습니다. 그녀는 예수님의 이름으로 귀신을 쫓아내는 권세가 그녀의 것이었음을 알았던 것입니다.

예수님은 마가복음 16장 17절에서 말씀하셨습니다. "믿는 자들에게는 이런 표적이 따르리니 곧 그들이 내 이름으로 귀신을 쫓아내며 새 방언을 말하며." 모든 믿는 자는 방언으로 말할 권리가 있습니다.

다음 구절은 예수님의 이름으로 이런 일들을 할 수 있다고 말씀합니다. "뱀을 집어 올리며 무슨 독을 마실지라도 해를 받지 아니하며 병든 사람에게 손을 얹은즉 나으리라 하시더라"

물론 이것은 우리에게 괜히 뱀을 집어서 무엇을 증명하라는 것이 아닙니다. 이것은 우리가 사고로 뱀에 물리더라도 마치 바울이 멜리데 섬에서 한 것 같이 뱀을 털어 버리고 주님의 이름으로 무사함을 주장할 수 있다는 말입니다.

우리는 사도행전 28장 3-6절에서 바울이 탄 배가 파선 당했던 기록을 볼 수 있습니다. 그는 나뭇가지 하나를 집어 불을 붙이려 하였습니다. 그러나 그 안에서 뱀이 나와 그의 손을 물어버렸던 것입니다. 그것을 본 사람들은 그가 곧 쓰러져 죽을 것이라고 생각했지만 그는 죽지 않았고 그의 손도 뱀의 독으로 붓지도 않았을 때 사람들은 기적을 본 것을 알았습니다.

나는 오늘날에도 이것과 비슷한 경험에 대해서 들은 적이 있습니다. 외국에서 일하던 여자 선교사 한 분이 독이 있는 전갈에 물렸습니다. 그 당시 그것에 대한 해독제가 없었습니다. 그것에 물리면 사람들이 늘 죽곤 했습니다.

그 선교사는 길에서 무엇을 사고 있던 중에 전갈에게 물렸던 것입니다. 그리고 그것을 본 사람들은 그녀가 부어서 죽을 것을 기대했습니다. 그러나 그 선교사는 예수님의 이름으로 그 전갈을 흔들어 떨어버렸고 전혀 아프지도 않았습니다. 그 결과로 많은 사람들이 구원에 이르게 되었습니다.

성경은 계속 말씀하십니다. "독을 마실지라도 해를 받지 아니하며" 이것은 사람이 일부러 독을 마셔서 무엇을 증명하려는 것을 의미하는 것이 아님을 다시 말씀드립니다. 이것은 우리가 잘못하여 실수로 이런 일이 있을 때, 주 예수 그리스도의 이름으로 면역immunity을 주장할 수 있다는 말입니다.

예수의 이름을 사용하는 것

수년 전에 한 교단이 텍사스 주 코퍼스크리스티 시에서 그 총회를 가진 적이 있었습니다. 총회에 모인 많은 사람들 중에 몇 명이 아프기 시작했습니다. 곧 2-30명이 심하게 아팠습니다. 그래서 그들은 서로를 위하여 기도하기 시작했습니다.

그들이 기도하는 중에, 기도하던 사람 중 하나가 그들이 묵고 있던 호텔의 물에 독이 있다는 계시를 받았습니다. 이것은 상수도가 없던 시절의 이야기입니다. 그들의 방마다 큰 물병과 대야가 있었습니다. 계시를 받은 사람은 다른 사람들에게 앞으로 호텔 물을 마시지 말라고 경고했습니다. 주님은 그들의 기도에 응답하셨고 그들은 모두 나았습니다.

그들은 이웃에 있는 해군 기지에 물을 실험해보려고 가져갔습니다. 실험 결과 그 물에는 일개 연대를 죽일만한 양의 독이 있었다는 것입니다. 우리는 이러한 상황 아래서 예수님의 이름으로 면역을 주장할 수 있습니다.

예수님이 말씀하셨습니다. "병든 사람에게 손을 얹은즉 나으리라"18절

다른 사람 위에 손을 얹고 이렇게 기도하지 마십시오. "만일 주님의 뜻이거든…" 그들 위에 손을 얹고 예수 이름으로 그들이 나을 것을 주장하십시오. 당신에게는 확실한 근거가 있습니다.

예수님이 말씀하셨습니다. "내 이름으로…" 예수님의 이름으로 우리는 귀신을 쫓을 수 있습니다. 예수님의 이름으로 우리는 새 방언을 말할 수 있습니다. 우리가 사고로 뱀에 물리거나 독이 있는 것을 마신다 해도 예수님의 이름으로 우리는 면역을 주장할 수 있습니다. 예수님의 이름으로 우리는 병든 사람에게 손을 얹고 기도하면 낫게 되는 것입니다. 이런 일들을 주장할 수 있는 것은 예수님의 이름의 권세 때문입니다.

예수님이 '그들이' 병든 사람에게 손을 얹은 즉 이라고 말씀하신 것을 잘 보시기 바랍니다. 손을 얹는 것은 우리입니다 – 예수님이나 성령님이 하시는 것이 아닙니다. 우리가 예수님의 이름으로 병든 사람에게 손을 얹는 것입니다.

방언으로 말하는 것은 바로 우리입니다. 나는 사람들이 이렇게 말하는 것을 들은 적이 있습니다. "나는 그냥 제가 말하는 것일까

봐 걱정했어요." 당연히 당신이 말한 것이지요! 당신은 예수의 이름으로 방언을 말할 권리가 있습니다. 당신이 손을 얹고 기도하는 것처럼 방언도 당신이 하는 것입니다. 성령님이 말할 바를 주십니다; 그러나 방언은 당신이 하는 것입니다.

이것은 예수의 이름 안에 있는 우리의 권리입니다. 이것은 특별한 소명 받은 사람뿐 아니라 우리 모두에게 속한 것입니다. 하나님의 평범한 자녀들도 어느 누구와 똑같이 예수님의 이름을 사용할 권리가 있습니다.

또 여기서 다른 것을 여러분에게 보여주기 원합니다. 우리는 믿음을 위하여 허우적거리며 애쓸 필요가 없습니다. 어떤 사람들은 그들이 조금만 더 믿음이 있다면 이런 일들을 할 수 있을 것이라고 생각합니다. 그러나 이 성경 구절들은 믿음에 관한 것을 말하고 있지 않습니다. 예수님은 이렇게 말씀하시지 않았습니다, "만일 그들이 충분한 믿음이 있었다면…" 예수님은 이렇게 말씀하셨습니다. "믿는 자들에게는 이런 표적이 따르리니 … 내 이름으로…" 그리고 예수님은 그의 이름 안에 있는 우리의 권리들을 계속하여 열거하셨습니다.

우리는 더 큰 믿음을 가지려고 애쓸 필요가 없습니다. 이것은 단순히 우리의 권리를 주장하며 우리에게 속한 것을 담대하게 사용하는 것입니다.

예수님의 이름은 내 손이나 내 발과 같이 내게 속한 것입니다. 나는 아침에 일어날 때 주님께 일어나 걸을 수 있는 믿음을 달라고 기도하지 않습니다. 나는 그냥 내 발이 그냥 있으므로 일어나서 걷습니다! 내 발과 손이 내 것인 것과 같이 예수님의 이름도 내 것이므로 나는 그의 이름을 사용할 수 있습니다.

어떤 사람들은 기도를 많이 합니다만 그 결과는 그들의 기도가 별로 가치가 없음을 나타냅니다. 당신이 기도할 때 결과가 없다면 당신의 방법을 다시 검토해봐야 할 것입니다. 만일 결과를 기대하지도 않는다면 기도할 필요도 없습니다.

기도 사업 The Business of Prayer

사업들이 이득을 취하려는 것과 똑같이 우리도 기도할 때 이득을 기대해야 합니다. 만일 그 사업에 이익이 전혀 없다면 경영자들은 즉시 그들의 방법을 다시 검토하여 필요한 변화를 시도해야 합니다. 회사는 최상의 기술적 교육을 필요로 합니다. 회사는 잘 훈련된 사람들을 필요로 합니다. 그리스도인들도 기도로 사업을 삼아야 합니다 — 정말 최고의 사업입니다. 그것은 하나님의 사업입니다.

기도는 정말 극도로 중요한 것입니다. 실제적인 면에서, 기독교는 기도를 듣고 응답하시는 살아 계신 하나님과 만나는 살아있는 믿음입니다.

그냥 아무것도 없는 곳을 향해 말을 하는 것은 기도가 아닙니다. 주일날 아침 20분 동안 하나님께서 교회를 위해 하셔야 할 의

무들을 늘어놓는 훈계는 기도가 아닙니다. 회중들에게 강의하는 것은 기도가 아닙니다.

우리는 결과가 있는 기도를 해야 합니다. 만일 우리가 기도를 하고 결과가 없다면 우리는 능력 없이 형식만 가지고 있다는 것을 보여 주는 것입니다.

하나님이 우리를 위하여 준비하신 모든 것은 기도를 통하여 우리에게 주어집니다. 만일 우리들이 그것들을 가지지 못했다면 이것은 우리의 기도가 잘 연결되지 못했기 때문입니다.

만일 여러분이 계속 기도해도 결과를 보지 못한다면 문제가 무엇인지 알아내십시오. 하나님이 진실하지 못하신가요? 아닙니다. 그렇지 않습니다! 기도가 응답되고 기적이 일어나는 것은 끝이 났나요? 아닙니다! 우리는 파산된 하나님의 약속을 믿고 있었나요? 아닙니다! 무언가 잘못되었습니다. 우리에게 천국 은행에 구좌가 없기 때문인가요?

우리는 원인이 무엇인지 알아내서 우리의 의심과 불신앙을 뿌리 뽑아야합니다. 예수님께서 가르쳐 주신 대로 기도합시다 — 예수님의 이름으로. 예수님은 그분의 말씀을 보장하시기 때문입니다.

우리가 하나님의 말씀대로 기도할 때 우리의 기도는 실패할 수 없습니다.

암송 구절 :

내 이름으로 무엇이든지 내게 구하면 내가 행하리라(요 14:14)

배운 것을 행하십시오 :

너희는 말씀을 행하는 자가 되고 듣기만 하여 자신을 속이는 자가 되지 말라(약 1:22)

제 5 과

합심 기도

성경 구절 : 마 18:18-20; 신 32:30; 롬 8:26

핵심 진리 : 우리에게 필요한 것을 위해 둘이나 그 이상이 합심하여 기도할 때 그곳에는 어마어마하게 큰 능력이 있습니다.

    성경에 있는 많은 기도의 약속 중에서 마태복음 18장 19절은 가장 중요한 구절입니다. 그러나 많은 헌신된 그리스도인들이 하나님의 말씀의 지식만을 가지고 – 마태복음 18장 19절을 읽고 공부함으로써 – 그들의 삶에 적용하지 않은 채 살아가고 있습니다.

    하나님께서는 기도에 대한 약속을 자리나 채우려고 성경에 써 놓은 것이 아닙니다. 그 약속들은 우리에게 유익을 주기 위하여 있는 것입니다. 그 약속들은 우리로 행동에 옮기도록 하기 위한 것입니다.

    예수님께서 마태복음 18장 19절에 하시는 말씀을 잘 이해하기 위해 우리는 그 전에 있는 구절들을 읽어야 합니다.

마 18:18-20

18 진실로 너희에게 이르노니 무엇이든지 너희가 땅에서 매면 하늘에서도 매일 것이요 무엇이든지 땅에서 풀면 하늘에서도 풀리리라

19 진실로 다시 너희에게 이르노니 너희 중의 두 사람이 땅에서 합심하여 무엇이든지 구하면 하늘에 계신 내 아버지께서 그들을 위하여 이루게 하시리라

20 두세 사람이 내 이름으로 모인 곳에는 나도 그들 중에 있느니라

19절에 "내 아버지께서 그들을 위하여 이루게 하시리라"고 하신 것을 보십시오. 영어로 가장 강한 확언의 표현은 'I shall'이라는 말입니다. 이 구절에서 예수님이 약속하셨습니다. "하늘에 계신 내 아버지께서 그들을 위하여 이루게 하시리라." 또 주님은 말씀하셨습니다. "내 이름으로 무엇이든지 내게 구하면 내가 행하리라" 요 14:14

넬슨P. C. Nelson은 헬라어 학자로서, 성경을 읽을 때도, 개인 기도를 할 때도 헬라어 신약성경을 사용하는 사람이었습니다. 그는 헬라어 성경이 영어 성경보다 더 아름답다고 했습니다. 그리고 몇몇 관용구들은 영어로 번역하면 그 뜻이 온전히 전해지지 않는다고 말했습니다.

넬슨 박사는 예수님의 말씀을 그대로 번역한다면 다음과 같다

고 하였습니다. "네가 내 이름으로 무엇을 구하든지 내게 없으면 만들어서라도 주리라."

묶고 푸는 권세

마태복음 18장 20절은 이렇게 말합니다. "두세 사람이 내 이름으로 모인 곳에는 나도 그들 중에 있느니라." 우리는 대개 이 성경 구절을 교회 예배와 관련시킵니다. 물론 그렇게 적용해도 좋습니다. 그러나 예수님이 여기서 정말로 하시고자 하는 말씀은 두세 사람이 합심하여 기도할 때 예수님도 그 기도를 응답하기 위하여 같이 있다는 것입니다.

예수님은 우리가 이 땅에서 무엇이든지 묶으면 하늘에서도 묶이고 무엇이든지 땅에서 풀면 하늘에서도 풀린다는 사실을 보여 주셨습니다. 천국은 우리가 땅에서 무엇을 하든지 우리를 도와주십니다. 우리에게 묶고 푸는 권세가 있습니다.

그러나 많은 사람들이 이런 권세를 사용하기 보다는 마귀에게 그들의 눈을 멀게 하도록 허락하고 있습니다. 사람들은 그들이 패배하고 침울한 것은 어쩔 수 없다고 생각합니다. 그들은 아무 것도 할 수 없다고 생각합니다. 그러나 그들이 성경대로 행동한다면 무엇인가 할 수 있습니다: 다른 한 사람의 믿는 자와 합심하여 기도할 수 있습니다.

1957년에 미국은 경제 위기에 처해 있었습니다. 오레곤 주는 이 경제 위기가 더욱 심각한 주였습니다. 그 때 나는 오레곤 주 세일럼 시에서 집회를 하고 있었습니다. 내가 이 합심 기도를 주제로 가르치고 있을 때 그 교회에 한 부부가 이 약속을 붙잡고 그들을 위하여 그것을 주장하기로 결정했습니다.

그들에게는 2년간이나 팔려고 했으나 팔리지 않았던 땅이 있었습니다. 경기가 너무 안 좋아서 팔리기는 거의 불가능해 보였습니다. 그러나 이 부부는 하나님의 도우심으로 그것을 팔 수 있도록 합심하여 기도했습니다.

남편이 부동산 중개인을 찾아갔을 때 그들은 경기가 좋았을 때에도 팔리지 않던 것이므로 그 땅을 파는 것은 거의 불가능하다고 말했습니다. 그리고 전에 조금 관심을 보였던 사람이 있으니 그 사람에게 연락해 보겠다고 했습니다. 그 중개인은 낙관적이지는 않았지만 그래도 만일 그 사람이 사지 않는다면 다시 한번 팔리도록 노력은 해보겠다고 말해 주었습니다.

합심 기도에 대한 예수님의 약속을 다시 기억하십시오. 그 중개인이 전에 관심을 보였던 사람에게 그전 가격으로 팔 생각을 전했습니다. 이번에 그 사람은 사겠다고 했습니다.

2년 동안이나 이 부부는 재정적으로 어려움을 겪었기 때문에 그 땅을 팔기를 간절히 원했습니다. 그들이 "하늘에 계신 내 아버지께서 그들을 위하여 이루게 하시리라"라고 약속하신 그들의 권세를 사용하여 합심하여 기도했더라면 그 돈을 오래전부터 가질 수 있었을 것입니다.

그 부부는 마음으로 믿고 입으로 고백하는 대신 하나님께서 무엇을 해주시기만 기도하고 있었던 것입니다. 그들은 지금 자기들이 무엇을 했어야 했는지를 깨달았습니다.(우리가 해야 할 일이 있습니다. 우리가 우리 할 일을 할 때 하나님도 역사하십니다.)

증가된 기도의 능력

신 32:30
그들의 반석이 그들을 팔지 아니하였고 여호와께서 그들을 내주지 아니하셨더라면 어찌 하나가 천을 쫓으며 둘이 만을 도망하게 하였으리요

혼자서 하는 기도에 놀라운 능력이 있을 수도 있습니다. 그러나 다른 사람과 합심하면 그 능력이 더 커집니다. 위의 성경 구절에서 우리는 하나가 천을 쫓고 둘이 만을 쫓는다고 한 것을 읽었습니다. 우리가 만일 다른 사람과 합심할 수 있다면 혼자서 기도하는 것보다 열 배의 효과를 볼 수 있습니다. 꼭 많은 사람들이 필요한 것이 아닙니다; 남편과 아내, 둘이면 됩니다.

나는 조지 트루엣Dr. George W. Truett 박사의 책을 읽은 적이 있습니다. 그분은 오랫동안 달라스의 제일 침례교회를 담임하시던 목사님이십니다. 그 책의 한 장은 합심기도에 대한 것이었습니다.

젊은 신학생이었을 때 그는 여름방학 동안 야외집회를 하곤 했습니다. 한번은 서부 텍사스에서 집회를 하고 있는 중 설교가 끝난 후, 큰 목장을 하는 키 큰 목장 주인이 그에게 와서 신약성경을 믿느냐고 물었습니다. 트루엣 박사는 믿는다고 대답했습니다. 그 목장 주인은 성경에 있는 모든 것을 다 믿느냐고 물었습니다. 트루엣 박사는 확실히 성경에 있는 모든 것을 다 믿는다고 대답했습니다. 그는 다시 마태복음 18장 19절을 믿느냐고 물었습니다. 트루엣 박사는 그 구절이 무엇인지 잘 모르겠지만 무엇이든지 간에 그는 믿는다고 대답하였습니다.

그 목장주인은 이 성경 구절을 그에게 읽어주고 그가 만난 목사 중에서 트루엣 박사가 이 구절을 믿는 최초의 목사라고 말했습니다. 그리고 그는 트루엣 박사에게 목장 일군과 그의 가족이 다음날 저녁 구원받을 수 있도록 합심하자고 했습니다. 그리고 그는 그들을 꼭 교회에 데려오겠다고 약속했습니다. 트루엣 박사는 그들이 구원받도록 합심할 것을 약속하였습니다.

트루엣 박사가 올려다 볼 정도로 키가 큰 이 목장 주인은 195cm쯤 되는 키에 카우보이 부츠를 신고 있었는데, 손을 붙잡고 흔들며 악수했습니다. 그리고 말했습니다. "주님, 드디어 나와 합심할 사람을 찾았습니다. 저는 수년간이나 합심할 사람을 찾았습니다. 이 작은 목사님과 나는 존과 그의 가족이 내일 밤 구원받는 일에 합심합니다."

마귀와 싸우느라고 잠을 자지 못한 트루엣 박사는 다음날 저녁 모임에 갔습니다. 그는 목장 주인이 들어오는 것을 보았습니다. 그리고 그 뒤에는 한 남자와 그의 아내와 세 아이들이 따라 들어 왔습니다.

트루엣 박사는 불같은 전도의 말씀으로 설교를 한 후 결신의 시간을 가졌습니다. 그러나 그 사람은 앞으로 나오지 않았습니다. 결국 그는 주님께 그가 할 일은 다 했노라고 말씀 드렸습니다; 찬송을 한절 더 부르고 주님께 모든 것을 맡기겠다고 했습니다.

다음 찬송을 부르는데 그 집 장녀인 13살쯤 된 딸이 앞으로 나왔습니다. 그녀는 강단에 무릎을 꿇고 앉았습니다. 그리고 아이들 중 다른 하나가 또 나왔습니다. 그러더니 마지막 아이까지 아이들 셋이 다 나와 강단 앞에서 기도했습니다. 그리고 어머니가 나왔고 나중에는 아버지도 나왔습니다.

예배가 끝난 후 목장 주인은 트루엣 박사를 붙잡고 다른 사람과 합심만 할 수 있다면 응답받게 된다는 것을 알았다고 말했습니다. 그리고 또 트루엣 박사에게 그의 이웃에 대해 같이 합심해 달라고 말했습니다.

이쯤 되어서는 트루엣 박사는 그 목장 주인이 해가 서쪽에서 뜰 것에 합심하자고 해도 할 판이었다고 합니다. 그는 어떤 일에도 준비가 되어있었습니다! 그는 아직 젊었고 아는 것이 별로 없었다고 말했습니다. 그는 우리가 머리에 많은 지식을 쌓느라 심령에 믿는 것을 포기하고 있지만, 단순한 사람은 하나님의 말씀을 그대로 믿고 그 결과를 얻는다고 말했습니다.

두 주간이나 집회는 계속되었습니다. 매일 밤 목장 주인은 트루엣 박사에게 다른 가족을 놓고 합심하자고 했습니다. 그리고 매일 밤 그 가족들은 구원을 받았습니다. 이것은 확실히 역사했습니다.

기도에 있어서의 성령님의 사역

롬 8:26

이와 같이 성령도 우리의 연약함을 도우시나니 우리는 마땅히 기도할 바를 알지 못하나 오직 성령이 말할 수 없는 탄식으로 우리를 위하여 친히 간구하시느니라

이 절의 마지막 부분의 헬라어를 번역하면 다음과 같습니다. "분명한 말로 표현할 수 없는 탄식으로…" 그러므로 이 구절에는 탄식과 방언이 포함되어 있습니다.

이것과 관련하여 사도 바울은 이렇게 말합니다. "내가 만일 방언으로 기도하면 나의 영이 기도하거니와 나의 마음은 열매를 맺히지 못하리라" 고전 14:14 확대번역 성경은 "내 영이 (내 안에 계신 성령에 의하여) 기도한다"라고 썼습니다.

로마서 8장 26절은 우리가 어떻게 기도할 바를 잘 알지 못한다고 했습니다. 우리의 자연적인 마음으로는 어떻게 기도할 바를 알 수가 없습니다. 왜냐하면 많은 일들을 하나님만 알고 계시기 때문

입니다. 그러나 "성령도 우리의 연약함을 도우시나니…" 성령님이 우리를 도와주실 것입니다. 그리고 분명한 말로 표현할 수 없는 탄식으로 우리를 위해 중보하실 것입니다.

이것은 성령님이 우리하고는 상관없이 하신다는 말이 아닙니다. 만일 성령님이 기도하시는 것이라면 당신의 기도 생활은 성령님의 책임이겠지만 그렇지 않습니다. 당신 자신이 당신의 기도 생활에 책임이 있습니다. 이 구절에서 성령님이 도우신다고 말한 것에 주의 하십시오. 성령님은 당신의 기도를 대신 해주기 위해 보내진 분이 아닙니다. 성령님은 당신의 삶의 모든 부분에서 특히 기도 생활에서 돕기 위해 보내진 분입니다.

당신의 심령에서 나오는 것 중 말로 표현할 수 없는 것도 있습니다. 당신의 영에서 탄식들이 당신의 입술로 나오도록 도와주시는 분이 바로 성령님이십니다. 이것이 성령님의 기도사역입니다.

나의 기도 중 많은 부분이 방언으로 하는 기도입니다. 예를 들어서 나의 아들에게 내가 전혀 모르는 문제가 있을 수도 있습니다. 나는 주님께 그를 위하여 어떻게 기도할지 모른다고 말합니다. 그리고 나는 성령님이 말을 주시기를 기대합니다. 나는 한 시간 동안 그를 위해 방언으로 기도할 수 있습니다. 그러면 나는 계시를 받을 수도 있고 하나님이 응답을 보여 주실 수도 있습니다. 그러나 계시가 있든지 없든지, 우리는 그렇게 기도할 수 있습니다. 이것이 성경적인 기도이기 때문입니다.

다른 어떤 것도 응답을 받지 못할 때 성령으로 기도하는 것은 응답을 받을 수 있습니다. 성령님이 은혜의 보좌 앞에서 우리를 통하여 중보하시는 것입니다.

암송 구절 :
진실로 다시 너희에게 이르노니 너희 중의 두 사람이 땅에서 합심하여 무엇이든지 구하면 하늘에 계신 내 아버지께서 그들을 위하여 이루게 하시리라(마 18:19)

배운 것을 행하십시오 :
너희는 말씀을 행하는 자가 되고 듣기만 하여 자신을 속이는 자가 되지 말라(약 1:22)

제 6 과

기도의 가장 중요한 6가지 일 (1부)

성경 구절 : 요 16:23, 24; 막 1124-26; 행 27:25

핵심 진리 : "믿음에는 하나님께서 백만 명을 지나 당신에게로 오게 하는 무엇인가가 있습니다." - 스미스 위글스워스

나는 종종 기도하는 사람들이 기도하고 일어날 때 무엇을 믿느냐고 물어 봅니다. 그들은 가끔 이렇게 대답합니다 "글쎄요, 하나님이 들으셨으면 좋겠는데요." 그러면 나는 하나님이 듣지 않으셨다고 말합니다.

하나님의 말씀에서 "네가 믿으면 받을 것이다"라고 하셨지 "네가 소망하면 받을 것이다"라고 하시지 않았습니다. 하나님은 네가 응답받을 때까지 계속 기도하라고 하지 않으셨습니다. 하나님은 우리가 기도할 때 받은 것을 믿으라고 말씀하셨습니다.

우리가 받았다고 믿는다면 우리는 밤새껏 기도할 필요가 없습니다. 당신은 하나님이 당신의 기도를 들으시고 응답하실 것을

알고 침대에서 단잠을 잘 수 있습니다. 하나님의 약속을 붙잡고 어린아이처럼 잠잘 수 있다는 것은 세상에서 가장 경이로운 일입니다. 당신 주위는 온통 소란스러울지라도 당신은 평안함을 가질 수 있습니다.

이 과에서는 그리스도인들이 기도에 대해 꼭 알아야 할 6가지 중요한 것들을 다루겠습니다.

1. 예수님의 이름으로 아버지께 기도합니다

> 요 16:23,24
> 23 그 날에는 너희가 아무 것도 내게 묻지 아니하리라 내가 진실로 진실로 너희에게 이르노니 너희가 무엇이든지 아버지께 구하는 것을 내 이름으로 주시리라
> 24 지금까지는 너희가 내 이름으로 아무 것도 구하지 아니하였으나 구하라 그리하면 받으리니 너희 기쁨이 충만하리라

예수님께서 이 말씀을 하셨을 때 그는 이 지구상에 계셨습니다. 예수님께서 말씀하신 그날은 우리가 사는 오늘날을 말씀하시고 계신 것입니다.

그는 아직 갈보리에 가시지 않았습니다. 그는 아직 죽임을 당하지 않았고 무덤에 장사되지도 않았습니다. 그는 아직 죽은 자들 가운데서 살아나시지도 않았습니다. 새로운 언약은 아직 역사

하고 있지 않았습니다. 그의 보혈은 아직 지성소로 가지 않았습니다.(그의 피가 새로운 언약에 인을 치는 것입니다)

사람들은 구원의 약속은 있었지만 아직 받지는 못했습니다. 영생의 약속은 있었지만 아직 마련되지 않았습니다. 아무도 거듭나지 못했습니다 — 오직 약속만 갖고 있었습니다. 새로운 탄생은 새로운 언약 아래에서만 있을 수 있기 때문입니다.

옛 언약에서는 이미 새 언약이 예언되어 있었습니다. 옛 언약 아래에서는 사람의 심령은 변화되지 않습니다. 그러므로 그들은 계속해서 죄를 지었습니다. 그들을 죄를 지을 수밖에 없습니다.

구약의 대단했던 성도들도 죄를 지었습니다. 그들이 저지른 죄에 대하여 용서를 받은 후 그들은 또 다른 죄를 지었습니다. 그들의 성품에 근본적인 문제가 있었고, 그들의 심령에도 근본적인 문제가 있었고, 그들은 그들의 죄를 덮기만 했던 것입니다

그러나 하나님은 그분의 말씀에서 우리의 옛 심령을 빼고 새로운 심령을 주겠다고 약속하셨습니다. 하나님은 우리들에게 새로운 영을 주시겠다고 말씀하셨습니다. 겔 11:19 이것은 새로운 언약에서 가능하게 되었습니다.

요한복음 16장 23,24절에서 예수님은 그 제자들에게 그가 갈보리에서 죽고, 죽은 자들 가운데서 일어난 후 사람들이 하나님 아버지께 기도해야 된다고 말씀하셨습니다.

기도는 합법적 근거 위에서 예수님의 이름으로 아버지께 드려져야 되는 것입니다. 우리는 예수님께 기도드리는 것이 아닙니다.

예수님이 이렇게 하라고 지시하셨습니다.

제자들은 아직 예수님이 이 땅에 사시는 동안 어떻게 기도해야 할지 가르쳐 주시기를 구했습니다. 예수님은 이렇게 말씀하셨습니다. "하늘에 계신 우리 아버지여…" 우리는 이것을 주기도문이라고 합니다.마 6:9-13 그러나 이것은 신약의 기도가 아닙니다.

이 기도는 예수님의 이름으로 아무것도 구하고 있지 않습니다; 예수님의 이름조차 언급되어 있지 않습니다. 이 기도는 옛 언약 아래에서 하는 기도입니다. 예수 그리스도의 보혈로 인친 새로운 언약 아래에서 우리는 아버지께 예수님의 이름으로 기도하게 되어 있습니다.

자 그럼, 요한복음 16장 23절에 나오는 '무엇이든지'라는 말에 주목해 봅시다. 종종 우리는 '만일 그것이 하나님의 뜻이라면' 기도가 응답될 것이라고 믿는다고 말합니다. 그러나 이 구절은 그런 조건이 전혀 없습니다. 그와는 반대로 이렇게 말하고 있습니다. "그 날에는 너희가 아무 것도 내게 묻지 아니하리라 내가 진실로 진실로 너희에게 이르노니 너희가 무엇이든지 아버지께 구하는 것을 내 이름으로 주시리라." 그것은 하나님의 뜻임이 분명합니다; 그렇지 않다면 이런 이야기를 하실 리가 없습니다!

왜 주님은 "너희가 무엇이든지 아버지께 내 이름으로 구하는 것을 그가 주시리라"라고 하셨을까요? 그 대답은 24절에서 찾을 수 있습니다. "너희 기쁨이 충만하리라."

우리가 직장도 잃고 아이들이 배가 고픈 상태라면 우리는 기쁨이 충만할 수 없습니다. 우리의 몸에 고통이 있으면 우리는 기쁨이 충만할 수 없습니다. 우리 가정에 문제가 있다면 우리는 기쁨이 충만할 수 없습니다.

예수님은 아버지께서 '무엇이든지' 주셔서 우리의 '기쁨이 충만하도록' 하시겠다고 하셨습니다.

그러나 이런 기도의 성공에는 비법이 있습니다. 열쇠는 다음 말에 있습니다. "무엇이든지 내 이름으로 아버지께 구하는 것을 그가 주시리라." 우리는 기도를 아버지께 예수의 이름으로 해야 합니다.

2. 받았다고 믿어야 합니다

> 막 11:24
>
> 그러므로 내가 너희에게 말하노니 무엇이든지 기도하고 구하는 것은 받은 줄로 믿으라 그리하면 너희에게 그대로 되리라

스미스 위글스워스 목사님은 우리의 믿음에는 하나님이 백만 명을 지나서 당신에게 오시게 하는 무엇인가가 있다고 말한 적이 있습니다.

하나님은 믿음의 하나님이십니다. 우리는 믿음의 하나님의 믿음의 자녀입니다. 하나님은 믿음의 법칙에 따라 일하십니다.

우리는 믿음으로 구원 받았습니다: "너희는 그 은혜에 의하여 믿음으로 말미암아 구원을 받았으니 이것은 너희에게서 난 것이

아니요 하나님의 선물이라 행위에서 난 것이 아니니 이는 누구든지 자랑하지 못하게 함이라"엡 2:8, 9

우리는 보는 것으로 살지 않고 믿음으로 삽니다. 하나님은 믿음의 기도를 들으십니다. 하나님은 우리가 믿기만 한다면 우리의 원하는 것을 다 가질 수 있다고 말씀하십니다. 그러나 당신은 먼저 믿어야 합니다.

많은 사람들은 먼저 받고 나서 믿기를 원합니다. 그러나 이것은 반대입니다. 믿는 것이 먼저입니다.

사람들이 계속 같은 기도를 하는 것을 멈추고 하나님이 응답 주시는 것에 감사하기 시작한다면 곧 응답이 올 것이라고 나는 확신합니다. 그러나 그들은 계속 불신앙 안에서 기도하고 있습니다.

어떤 사람이 똑같은 것을 계속 구한다면 그는 처음에 구할 때 구한 것을 받았다고 믿지 않는다는 증거입니다. 만일 그가 받았다고 믿었다면 하나님께 감사했을 것이고 응답은 나타났을 것입니다.

예수님이 마가복음 11장에서 말하고 있는 믿음은 심령의 믿음 즉, 영적인 믿음입니다. 머리의 믿음이 아닙니다. 우리는 머리의 믿음으로 사는데 익숙해져 있습니다. 그러나 우리가 육신적인 눈으로는 응답을 볼 수 없다 하더라도 우리는 기도한 것을 받았다고 심령으로 믿어야 합니다.

이것은 육신의 치유를 받는데도 마찬가지입니다. 그러나 육신의 치유를 위한 믿음은 다른 것 보다 더 어렵습니다, 왜냐하면 우리는 모든 감각을 가진 육신을 가졌고 증상들을 가졌기 때문입니다.

많은 사람들이 그들의 상태가 좋아졌거나 그들의 증상이 없어졌을 때 하나님이 치유한 것을 믿습니다. 보이는 것을 믿을 수 있습니다. 여기서 예수님께서 가르치신 것은 우리가 기도할 때 믿으면 받을 수 있다는 것입니다.

　수년 동안 나는 이러한 믿음을 실천해왔습니다. 마가복음 11장 24절은 나의 좌우명이었습니다. 나는 내 삶에서 이것을 경험했고 나의 심령이 원하는 것을 받은 줄로 믿고 기도했습니다. 이것은 치유에서뿐만이 아니라 삶의 모든 부분에서도 마찬가지입니다. 필요가 무엇이건 간에 - 물질적, 영적, 혹은 재정적 - 이것이 우리가 받는 방법입니다.

　스미스 위글스워스 목사님은 사람들이 그들의 기도가 즉시 응답되지 않으면 곧 포기하려고 하는데, 이것은 그들이 처음부터 하나님을 믿지 않은 증거라고 말했습니다.

　종종 하나님은 우리의 믿음이 끝까지 시험되고 단련되도록 하십니다. 당신이 하나님을 믿을 때 시험이 와도 굳게 설 수 있습니다.

　나는 그곳에 있어 보았고 이 모든 것을 경험했습니다. 나는 수년 전에 상황이 어려워질 때 더 웃는 것을 배웠습니다. 내가 항상 웃을 기분은 아니지만 마귀의 얼굴 앞에서 나는 나 자신을 웃게 만듭니다. 나는 웃으며 말하기를 '나는 하나님을 믿는다'고 말합니다.

　바울이 배를 타고 로마로 향할 때 큰 폭풍이 왔습니다. 배는 침몰될 위험이 있었기 때문에 선원들이 짐을 바다에 버림으로 배를 가볍게 만들려고 했습니다. 이것은 상태를 호전시키지 못했고 폭풍은 밤낮으로 며칠동안 계속 되었습니다 결국은 선원들과 승객들은 모두 배나 자신들이 살아날 것이라는 모든 소망을 버렸습니다. 그러나 이 폭풍의 한 가운데에서도 사도 바울은 그들에게 '나는 하나님을 믿는다' 라고 말했습니다.

행 27:25
그러므로 여러분이여 안심하라 나는 내게 말씀하신 그대로 되리라고 하나님을 믿노라

당신과 내가 실제로 폭풍의 바다를 만나지 않을 수도 있습니다. 그러나 우리는 인생에서 폭풍을 만납니다. 우리도 사도 바울의 믿음과 같이 일어나서 '하나님을 믿는다' 라고 선포 할 수 있습니다.

3. 기도할 때 용서해야 됩니다

막 11:25-26
25 서서 기도할 때에 아무에게나 혐의가 있거든 용서하라 그리하여야 하늘에 계신 너희 아버지께서도 너희 허물을 사하여 주시리라 하시니라
26 만일 너희가 용서하지 아니하면 하늘에 계신 너희 아버지도 너희 허물을 사하지 아니하시리라

우리가 기도에 응답을 기대하기 전에 우리는 우리에게 잘못한 사람들을 용서해 주어야 합니다. 만일 우리가 하나님의 은혜의 보좌에 우리의 기도가 상달되기를 원한다면 우리는 악의를 가지고 있을 수 없습니다 - 우리는 용서하지 않는 영을 가질 수 없습니다.

기도는 용서하지 않는 심령에는 역사하지 않습니다. 어느 누구도 그 마음에 다른 사람에 대한 적대감을 가지고 있으면 기도가 효과적이 될 수 없습니다. 우리의 심령에 미움을 가질 수 없습니다. 우리의 심령에 복수심을 가질 수 없습니다.

당신은 다른 사람의 인생에 대해서 책임이 없습니다. 당신은 당신의 삶에만 책임이 있습니다. 다른 사람의 심령에 있는 것이 당신을 방해 할 수 없지만 당신의 심령 안에 그 사람에 대한 적대심이 있으면 그것이 당신을 방해합니다.

우리는 우리의 속사람을 부지런히 살펴야 합니다. 우리는 쓴 뿌리나 질투나 복수심이 그곳에 있게 해서는 안 됩니다. 그렇게 하면 당신의 영적인 삶이 훼손됩니다. 그렇게 된다면 당신의 기도 생활에 진전이 없게 됩니다. 그것은 우리의 믿음에 흠이 되고 결국은 우리를 파괴하고 말 것입니다.

어떤 사람이 나에게 마귀가 다시는 어떤 문제도 가져오지 못하도록 기도해 달라고 말했습니다. 나는 그에게 아무도 마귀에게서 자유로운 사람은 없으며 나도 자유롭지 못하다고 말했습니다.

마귀가 어떤 문제도 우리에게 가져오지 못하도록 기도할 수 없지만 그 마귀 위에 우리의 권세를 사용하는 것을 배울 수 있습니다.

약 4:7
마귀를 대적하라 그리하면 너희를 피하리라

하나님은 원수의 면전에서 우리에게 상을 베푸십니다. 예수님은 마귀의 역사하는 바로 그곳에 서 계십니다. 의심과 절망의 적이 있는 곳에서 우리는 승리와 구원의 상에 예수님과 함께 앉아 승리할 수 있습니다. 역경 앞에서도 우리는 받은 것을 믿을 수 있습니다.

암송 구절 :
모든 기도와 간구를 하되 항상 성령 안에서 기도하고 이를 위하여 깨어 구하기를 항상 힘쓰며 여러 성도를 위하여 구하라 (엡 6:18)

배운 것을 행하십시오 :
너희는 말씀을 행하는 자가 되고 듣기만 하여 자신을 속이는 자가 되지 말라(약 1:22)

제 7 과

기도의 가장 중요한 6가지 일 (2부)

성경 구절 : 롬 8:26, 27; 고전 14:14, 15; 유다20; 고전 14:4

핵심 진리 : 우리가 성령님이 우리를 통하여 기도할 수 있게 허락하여 우리의 기도 생활을 돕게 한다면 우리는 우리의 기도에서 놀라운 응답을 볼 것입니다.

엡 6:18
모든 기도와 간구를 하되 항상 성령 안에서 기도하고 이를 위하여 깨어 구하기를 항상 힘쓰며 여러 성도를 위하여 구하라

위의 성경 구절을 제임스 모팻 박사가 번역한 것에서는 이렇게 말합니다. "기도의 모든 방법으로 항상 기도하고…" 다른 현대 번역본에는 이렇게 말합니다. "모든 종류의 기도로…"

킹 제임스 성경에는 '모든 종류의 기도' 라고는 하지 않지만

'모든 기도와 간구로 하되 무시로' 라고 하여 기도가 한 가지 이상인 것을 암시합니다. 만일 그렇지 않았다면 그냥 항상 기도하라고만 말했을 것입니다.

우리 나라에 기도가 얼마나 절실히 필요한지요. 우리 교회에 기도가 얼마나 절실히 필요한지요. 또 우리 개인들에게는 기도가 얼마나 절실히 필요한지요. 우리 가족의 문제를 해결하는데 있어서 기도를 대신할 것은 아무 것도 없습니다.

이전 과에서 그리스도인으로서 알아야 할 기도의 가장 중요한 것 중 3가지를 다루었습니다. 그것들은 (1) 예수님의 이름으로 아버지께 기도할 것; (2) 기도할 때 받았다고 믿을 것; (3) 기도할 때 용서할 것이었습니다. 이 과에서는 나머지 3가지를 다룰 것입니다.

4. 당신의 기도 생활에서 성령님께 의지하십시오

롬 8:26, 27

26 이와 같이 성령도 우리의 연약함을 도우시나니 우리는 마땅히 기도할 바를 알지 못하나 오직 성령이 말할 수 없는 탄식으로 우리를 위하여 친히 간구하시느니라

27 마음을 살피시는 이가 성령의 생각을 아시나니 이는 성령이 하나님의 뜻대로 성도를 위하여 간구하심이니라

고전 14:14, 15

14 내가 만일 방언으로 기도하면 나의 영이 기도하거니와 나의 마음은 열매를 맺지 못하리라
15 그러면 어떻게 할까 내가 영으로 기도하고 또 마음으로 기도하며 내가 영으로 찬송하고 또 마음으로 찬송하리라

그리스도인들은 어디서나 마음으로 기도하지만, 다 영으로(방언으로) 기도하지는 않습니다. 많은 사람들은 그렇게 할 수 있다는 것조차도 모르고 있습니다.

어떤 사람들은 그들의 성경에 대한 경솔과 무지로 방언은 이미 지나간 것이라고 말합니다. 그러나 만일 그렇다면 오늘날 어떻게 영으로 기도할 수 있을까요? 고린도에 있던 그리스도인들이 우리가 가질 수 없는 것을 가졌던 것이 아님은 분명합니다. 오늘날도 우리는 같은 것을 가질 수 있습니다.

사도 바울은 그들이 모르는 말로 기도할 때 그의 영이 기도한다고 했습니다. 방언으로 기도할 때 당신 안의 성령님에 의해서 당신의 영이 기도하는 것입니다. 또 이와 같이 당신의 탄식은 당신 안에서 성령님이 탄식하시는 것입니다. 나는 가끔 기도 중에 너무 무거운 짐을 진 듯하여 나의 느낌을 표현할 적당한 말이 없을 때가 있었습니다. 오직 내가 할 수 있는 것은 내 안의 깊은 곳에서 탄식할 뿐이었습니다. 사도 바울은 이러한 탄식이 우리의 영, 속사람으로부터 나오는 것이라고 했습니다. 이런 일이 일어

나는 것은 로마서 8장 26절에서와 같이 성령이 우리의 기도를 돕는 것입니다.

넬슨 박사에 의하면 로마서 8장 26절을 헬라어에서 직역을 하면 다음과 같습니다. "성령 자신이 우리를 위하여 분명한 말로 할 수 없는 탄식으로 중보하신다." 분명한 말이라는 것은 우리가 일상 하는 말입니다. 방언으로 하는 것은 우리가 일상 하는 말이 아닙니다. 그러므로 이 구절은 방언으로 말하고 기도하는 것을 포함하고 있습니다.

사도 바울은 성령님이 우리의 기도 생활을 도와주신다고 했습니다. "이와 같이 성령도 우리의 연약함을 도우시나니 우리는 마땅히 기도할 바를 알지 못하나 오직 성령이 말할 수 없는 탄식으로 우리를 위하여 친히 간구하시느니라"롬 8:26라고 했으니까요.

우리는 우리가 기도하는 것에 관하여 항상 모든 것을 알고 있지 못합니다. 그러나 성령님은 모든 것을 아십니다. 우리가 우리를 통하여 성령님께서 기도하시게 허락하여 우리의 기도 생활을 도우시도록 한다면 우리는 기도의 놀라운 응답을 볼 것입니다.

만일 내가 기도하는 것에 대하여 자세히 알고 있다면 기도할 때 믿을 수 있고 그러면 응답을 받을 수 있습니다. 그러나 가끔 우리는 우리의 기도가 필요하다는 것을 알지만 그것을 위하여 어떻게 기도해야 할지 모를 수도 있습니다. 그러나 성령님은 아십니다. 그리고 그 분은 우리를 도와주실 수 있습니다.(우리가 집세나 식품을 위해 기도하는 것이 더 쉬운 것은 우리가 무엇을 기도하는지 알기 때문입니다. 그러나 우리의 삶 속에서 기도하는 것이 그렇게 쉽지 않은 다른 경우들도 있습니다.)

내 인생에서도 나의 아이들을 위하여 어떻게 정확하게 기도해야 될지 모르겠다고 주님께 기도한 경우들도 있습니다. 그러나 문제가 있는 것을 알 때 나는 방언으로 기도하기 시작합니다. 많은 경우에 기도하는 중에 응답을 받곤 했습니다.

5. 중보의 기도

중보의 기도는 네 번째 주제와 잘 맞는 기도입니다. 로마서 8장 26절은 "성령이 말할 수 없는 탄식으로 우리를 위하여 친히 간구하시느니라"라고 말씀하십니다. 중보의 기도는 당신을 위한 기도가 아닙니다. 중보자는 다른 사람의 자리를 대신하는 사람입니다. 당신이 다른 사람을 위하여 중보하는 것입니다.

성령 충만한 모든 믿는 자들은 성령님께서 우리의 중보 기도를 도와주실 것을 기대할 수 있습니다. 이 중보는 다른 사람이 구원을 받는다거나 치유를 위한 것일 수 있습니다. 어떤 때는 우리가 알지 못하는 일이나 알지 못하는 사람들에 관한 것일 수도 있습니다. 그러나 성령님은 아십니다.

성령으로 기도한 후에 우리가 우리 자신을 영적으로 세우는 기도를 하고 있는지 하나님을 경배하고 있는지 – 다음 장에서 다룰 것입니다 – 혹은 다른 사람을 위해 중보하는지를 알 수 있습니다.

어떤 때는 - 혹은 어떤 기간에는 - 누구를 위하여 기도하는 지도 알기 전에 먼저 기도해야겠다는 부담이 올 수도 있습니다. 그리고 내가 구원받지 못한 사람을 위하여 애를 쓰며 중보 기도하는 것을 나는 알 수 있습니다.

(당신이 구원받지 못한 사람을 위하여 중보를 할 때, 구원받지 못한 사람과 같은 느낌을 당신의 영 속에서도 함께 경험하게 됩니다. 당신이 영으로 중보의 기도를 할 때 성령님은 그의 심령에 역사하셔서 그가 죄인임을 깨닫게 하십니다.)

6. 성령으로 기도함으로 당신 자신을 세우십시오

유 20
사랑하는 자들아 너희는 너희의 지극히 거룩한 믿음 위에
자신을 세우며 성령으로 기도하며

고전 14:4
방언을 말하는 자는 자기의 덕을 세우고 예언하는 자는 교회
의 덕을 세우나니

우리의 기도 생활 중에 방언 기도는 다른 사람을 위하여 기도하는 것도 아니고 다른 사람을 위해 중보 기도를 하는 것도 아닙니다. 이것은 순전히 개인의 영적인 세움을 위한 것입니다. 이것

은 영적으로 우리를 도와주고 우리를 세워줍니다. 우리 모두는 이러한 기도가 필요합니다. 우리가 잘 세워지지 않으면 남을 도와 줄 수가 없습니다. 우리는 남을 세워 줄 수가 없습니다.

이렇게 기도하는 것은 3가지의 가치가 있습니다. 첫째, 이것은 영적인 세움입니다. 이것은 우리를 개인적으로 도와줍니다. 둘째, 우리가 알지 못하고 있는 것을 기도하는 것입니다. 셋째, 성령님이 우리로 중보할 수 있도록 도우십니다.

방언으로 말하는 것은 성령의 내재하심의 첫 증거일 뿐만 아니라 남은 여생을 통해서도 계속 할 수 있는 경험입니다. 방언 기도는 하나님을 예배하는 것을 도와줍니다. 이것은 메말라서는 안 되는 흐르는 강과 같습니다. 당신의 영적인 삶을 더욱 풍부하게 할 것입니다.

암송 구절 :
모든 기도와 간구를 하되 항상 성령 안에서 기도하고 이를 위하여 깨어 구하기를 항상 힘쓰며 여러 성도를 위하여 구하라 (엡 6:18)

배운 것을 행하십시오 :
너희는 말씀을 행하는 자가 되고 듣기만 하여 자신을 속이는 자가 되지 말라(약 1:22)

제 8 과

영으로 하는 기도를 통역하기

성경 구절 : 고전 14:13-17, 27, 28

핵심 진리 : 모든 믿는 자들은 그들이 하는 방언 기도를 통역하여 그들의 영적인 이해를 도울 수 있습니다.

방언으로 기도하는 것은 사역자들에게만 속한 것이 아닙니다. 이것은 모든 믿는 자들에게 속한 것입니다.

성령님을 따라 기도하며 성령님으로 그들을 통해 기도할 수 있게 하는 사람들에게는 많은 일들이 일어났습니다. 그러나 더 많은 그리스도인들이 영으로 기도한다면 더욱 많은 일이 일어날 것입니다.

고전 14:13-17

13 그러므로 방언을 말하는 자는 통역하기를 기도할지니

14 내가 만일 방언으로 기도하면 나의 영이 기도하거니와 나의 마음은 열매를 맺지 못하리라

15 그러면 어떻게 할까 내가 영으로 기도하고 또 마음으로 기도하며 내가 영으로 찬송하고 또 마음으로 찬송하리라
16 그렇지 아니하면 네가 영으로 축복할 때에 알지 못하는 처지에 있는 자가 네가 무슨 말을 하는지 알지 못하고 네 감사에 어찌 아멘 하리요
17 너는 감사를 잘하였으나 그러나 다른 사람은 덕 세움을 받지 못하리라

사도 바울을 통하여 하나님은 "방언을 말하는 자는 통역하기를 기도할지니"13절라고 하십니다. 하나님께서 우리가 가질 수 없는 것을 위하여 기도하라고 하시지 않는 것은 너무나 자명한 일입니다.

나는 모든 믿는 자들이 다른 사람의 방언 말하는 것을 공중 앞에서 통역한 적이 없다 하더라도 그 자신의 기도를 통역할 수는 있다고 확신합니다. 나는 어떤 사람이 통역하는 자가 아니더라도 통역을 할 수 있다고 믿습니다.(이 점에 관하여는 이 과에서 후에 더욱 자세히 설명하겠습니다.)

성령님께서 우리가 가질 수 없는 것에 대하여 기도하라고 하시겠습니까? 그분이 우리에게 통역할 수 있도록 기도하라고 하신 것을 보면 그분이 이것을 모든 사람들에게 쓸 수 있게 하셨다는 것입니다.

그러므로 성경에서 권면하고 있기 때문에 모든 믿는 자들은 방

언으로 기도(영으로 기도)할 수 있어야 합니다. 그와 마찬 가지로 우리는 방언으로 기도한 것을 통역하기 위하여 기도해야 하는데 성경이 그렇게 하라고 권면하고 있기 때문입니다.

하나님이 왜 우리에게 이것을 원하셨는지 살펴봅시다. 고린도 전서 14장 13절에 방언을 말하는 자는 통역을 하도록 기도해야 한다고 했습니다. 그 다음 두 절은 접속사 '그러므로' for로 시작하고 있습니다. 접속사란 연결해 주는 단어입니다. 그것은 사도 바울이 계속하여 같은 주제로 말하고 있다는 것을 뜻합니다.

14절은 다음과 같습니다. "내가 만일 방언으로 기도하면 나의 영이 기도하거니와 나의 마음은 열매를 맺지 못하리라." 만일 우리가 우리의 방언 기도를 통역할 수 있다면 우리의 마음이 열매를 맺지 못하는 일은 없을 것입니다. 열매를 맺을 수 있습니다.

때때로 우리가 방언으로 무슨 기도를 하는지 아는 것이 좋을 때도 있습니다. 우리가 기도하는 것에 대하여 이해해야 하는 것도 있습니다. 그러나 나는 우리를 바르게 세우는 기도는 절대로 통역하지 않습니다. 그것들은 단순히 경배와 찬양의 기도이므로 통역할 필요가 없습니다.

영으로 기도하고 마음으로 기도하는 것

15절에서 사도 바울의 가르침은 계속됩니다. "그러면 어떻게 할까 내가 영으로 기도하고 또 마음으로 기도하며 내가 영으로 찬송하고 또 마음understanding으로 찬송하리라." 이 구절에는 우리가 일반적으로 받아들이고 있는 뜻 이외에 더욱 큰 의미가 있습니다.

첫째, 우리가 두 가지로 기도할 수 있습니다. 영으로(방언) 그리고 마음으로(우리의 말로) 기도할 수 있습니다.

그러나 이것은 우리가 방언으로 기도한 것에 대하여 통역하기를 기도한다면 우리가 영으로 기도한 후 하나님이 통역을 주실 수 있다는 것도 의미합니다. 만일 이런 일이 일어나면 우리의 방언으로 한 기도가 무엇인지 이해할 수 있으므로 우리가 아는 언어로 다시 기도할 수 있습니다.

나는 1938년 이후 이런 기도를 해오고 있습니다. 그 당시에는 이것에 대한 가르침이 전혀 없었습니다. 어떤 사람들은 한 번 성령 충만함을 받고 방언으로 말하고는 다시는 방언으로 말하는 것이 필요없다고까지 생각했습니다.(슬프게도 많은 기독교인들이 오늘날도 그런 수준을 벗어나지 못하고 있습니다.)

나는 내가 처음으로 성령 충만함을 받은 후 기도할 때 방언으로 기도하고 있다는 것을 발견하고는 방언 기도를 중지해 버렸습니다. 왜냐하면 방언으로 기도하는 것이 옳은 것이지 아닌지를 몰랐기 때문입니다. 그러나 일년 쯤 지난 후 내가 말씀을 공부하면서 방언으로 기도하는 것이 옳은 일이고 방언이 오늘날 우리를 위한 축복이라는 것을 알게 되었습니다.

이와 비슷하게, 나는 공중 앞에서 방언을 통역하기 훨씬 전에 나의 방언을 통역하곤 했습니다. 나는 경험으로 이것이 기도 생활을 변화시키는 것을 알았습니다.

내가 믿기 시작한지 얼마 되지 않아서 이런 경험을 하게 되었습니다. 나는 주님을 깊이 사랑하게 되었고 하나님을 찾고 기다리기 시작했습니다. 내가 예배와 나의 설교를 위해 기도하고 준비할 때 성령님이 나에게 역사하시기 시작했습니다. 그러면서 나는 내가 방언으로 한 기도를 통역하기 시작하였습니다.

하루는 영으로 기도하면서 나의 기도를 통역하기 시작했습니다. 나는 내가 결혼하고자 하는 여자에 대하여 기도하고 있다는 것을 알게 되었습니다. 나는 또 우리가 두 명의 자녀를 둘 것이며 큰 아이는 남자이고 작은 아이는 여자인 것을 알게 되었습니다. 나는 예언한 것이 아닙니다; 나는 나의 방언 기도를 통역한 것입니다. 나는 방언으로 몇 마디 기도하고 그것을 통역했습니다.

나는 그때 21세의 독신이었습니다. 그러나 영적인 것에 몰두했기 때문에 데이트하는 일에 시간을 쓸 수 없었습니다.

나는 그때 결혼할 생각이 전혀 없었습니다! 그러나 그 모든 일들이 내가 방언을 통역한대로 이루어졌습니다. 나는 그 해에 결혼했습니다. 그리고 첫 아이를 낳기 전에 나는 첫 아이가 사내아이인 것을 알았습니다. 사실 우리는 남자 아이의 이름만 지어 놓았습니다.

우리가 둘째를 임신 했을 때, 나는 둘째 아이가 여자 아이인 것을 알았습니다. 그래서 오직 여자 아이의 이름만 지어 놓았습니다. 우리 친척 중 한사람이 이상하게 여겨 우리에게 물었습니다.

"만일 딸이 아니면 어떻게 하지요?" 나는 대답했습니다. "나는 '만일'이라는 것을 믿지 않습니다." 아기를 낳았을 때 그 아기는 아름다운 딸이었습니다.

방언과 그 통역 : 공중적 사용이냐 혹은 개인적 사용이냐?

우리가 이미 말한 바와 같이 우리가 방언 통역을 한다고 해서 통역하는 자가 되는 것은 아닙니다. 둘은 관계가 있습니다만 그렇다고 같은 것은 아닙니다.

예를 들자면 승용차나 트럭이나 버스는 모두 다른 차량입니다. 그러나 그들은 모두 동력화한 차량들입니다. 한 사람이 승용차를 소유하고 운전한다고 해서 트럭 운전기사는 아닙니다. 또 한 사람이 트럭을 소유하였다고 해서 곧 그가 트럭을 운전할 수 있다고 할 수는 없습니다. 또 다른 사람이 버스 운전기사라고 해서 그가 트럭을 운전하는 사람은 아닙니다. 그들은 관계가 있지만 서로 다른 것들입니다. 방언과 통역에서도 마찬가지입니다.

고전 14:27, 28

27 만일 누가 방언으로 말하거든 두 사람이나 많아야 세 사람이 차례를 따라 하고 한 사람이 통역할 것이요

28 만일 통역하는 자가 없으면 교회에서는 잠잠하고 자기와 하나님께 말할 것이요

28절을 우리가 읽어 보면 "만일 통역하는 자가 없으면", 혹은 '만일 통역하는 자가 그 자리에 없거든' 이란 말입니다. 이것은 통역하는 사람이 따로 있었다는 것을 의미합니다.

우리는 방언과 통역이 공중 앞에서만 하는 것이라고 크게 잘못 생각하고 있습니다. 어떤 환경에서는 공중 앞에서 할 수 있지만 위의 성경 구절에서 볼 수 있는 것처럼 방언과 통역의 주된 사용은 개인을 위해서입니다.

내가 이미 말한 바와 같이 내가 방언 기도를 통역한 것은 공중 통역을 하기 훨씬 전부터였습니다. 내가 개인적으로 나의 방언을 통역했을 때 이것은 마치 승용차를 운전하는 것과 같았습니다. 내가 공중 앞에서 통역하기 시작할 때 그것은 마치 트럭을 운전하는 것과 같았습니다. 부분적으로 같은 점도 있었지만 달랐습니다. 공중 앞에서 통역을 할 때 그 사람은 다른 사역과, 다른 수준과, 다른 영역에 있습니다.

내가 처음 나의 기도를 통역했을 때 그것이 내가 할 수 있는 것의 전부였습니다. 나는 다른 사람의 기도를 통역할 수 없었습니다. 나는 방언으로 주는 메시지를 통역할 수는 없었습니다. 그러나 그 후에 나는 통역의 은사를 받았습니다.

"방언을 말하는 자는 통역의 은사를 받기 위해 기도하라"고 성경 구절이 말하고 있지 않는 것을 주의 하십시오. 성경은 이렇게 말하고 있습니다. "그러므로 방언을 말하는 자는 통역하기를 기도할지니" 무엇을 통역한다는 말입니까? 그의 기도를 통역한다는 말입니다. 왜일까요? 그러므로 그가 '영으로 기도하고 또 마음으로 기도' 할 수 있기 위해서 입니다. 이것이 그를 통역하는 자로 만들지는 않습니다. 그는 영으로 기도하는 자입니다.

내가 통역의 은사를 받고 통역하는 자가 된 후에도 나는 사람들이 개인적으로 기도하는 것을 통역할 수는 없었습니다. 그러나 나는 공중 앞에서 하는 모든 방언을 통역할 수는 있었습니다.(나는 지금도 공중 앞에서 하는 방언을 통역할 수는 있지만 늘 하지는 않습니다. 종종 그곳에는 나 외에도 몇 사람의 통역하는 사람들이 있으므로 나는 그들에게 통역을 하게 합니다.)

나는 사람들이 공중 앞에서 방언을 할 때 내가 성령에 부응하면 그들이 하는 방언의 말씀을 통역할 수 있다는 것을 경험으로 배웠습니다. 고전 14장 27-28절에서 바울은 통역하는 자가 이렇게 할 수 있다고 말하고 있습니다. 바울은 "통역하는 자가 없을 때…"라고 말하고 있는데 이것은 일반적으로 보통 사람들이 가지고 있지 않은 통역의 은사를 가진 통역하는 자들이 있다는 뜻입니다.

통역하는 자가 집회에 없을 수도 있습니다. 통역하는 자가 그 자리에 없으면 공중적 방언을 하는 사람은 잠잠해야 합니다. 이것은 통역하는 자가 방언을 통하여 주는 메시지를 항상 통역할 수 있다는 것을 의미합니다.

나의 개인기도 생활에서 내가 하는 방언을 언제나 통역하는 것은 아닙니다 — 오직 주님이 원하시는 때와 필요할 때만 통역합니다.

로마서 8장 26절은 다음과 같습니다. "이와 같이 성령도 우리의 연약함을 도우시나니 우리는 마땅히 기도할 바를 알지 못하나 오직 성령이 말할 수 없는 탄식으로 우리를 위하여 친히 간구하시느니라"

우리가 무엇을 기도해야 할지 모른다면 영으로 기도하고 그리고 통역할 수 있습니다. 그러면 무슨 기도를 했는지 알 수 있습니다. 그러면 우리가 '영으로 기도하고 또 마음으로 기도' 하는 것이 되는 것입니다.

나는 모든 믿는 자들이 영으로 기도하고 마음으로 기도를 해야 한다는 것을 확신합니다 — 그냥 마음으로 기도만 하는 것이 아니라 통역을 해서 영의 기도를 이해할 수 있어야 합니다.

암송 구절 :
그러므로 방언을 말하는 자는 통역하기를 기도할지니(고전 14:13)

배운 것을 행하십시오 :
너희는 말씀을 행하는 자가 되고 듣기만 하여 자신을 속이는 자가 되지 말라(약 1:22)

제 9 과

방언 – 계속되는 찬양의 물결

성경 구절 : 고전 12:7-11; 엡 5:18, 19 ; 요 7:37-39
핵심 진리 : 방언으로 말하는 것은 절대로 메말라서는 안 되는 흐르는 물결입니다. 그리고 그것은 영적인 삶을 풍부하게 해줍니다.

지난 두 과에서 방언의 필요성과 가치를 배웠습니다. 이제 방언의 종류와 사용법을 더 자세히 알아봅시다.

방언 – 성령의 아홉 가지 은사중의 하나

고전 12:7-11
7 각 사람에게 성령을 나타내심은 유익하게 하려 하심이라
8 어떤 사람에게는 성령으로 말미암아 지혜의 말씀을, 어떤 사람에게는 같은 성령을 따라 지식의 말씀을,

9 다른 사람에게는 같은 성령으로 믿음을, 어떤 사람에게는 한 성령으로 병 고치는 은사를,

10 어떤 사람에게는 능력 행함을, 어떤 사람에게는 예언함을, 어떤 사람에게는 영들 분별함을, 다른 사람에게는 각종 방언 말함을, 어떤 사람에게는 방언들 통역함을 주시나니

11 이 모든 일은 같은 한 성령이 행하사 그의 뜻대로 각 사람에게 나누어 주시는 것이니라

위의 성경 구절에서 아홉 가지 은사와 성령님이 어떻게 자신을 나타내시는 지에 대하여 말해 주고 있습니다.

그 중의 셋은 영감의 은사, 혹은 발언의 은사입니다: 예언, 여러 가지의 방언, 그리고 방언의 통역입니다. 이렇게 음성을 이용한 은사들은 공중 예배에서 영감을 주기 위한 것입니다. 그중에 방언의 은사는 가장 현저합니다.

통역을 동반한 방언은 이 세대에서 가장 독특합니다. 성령의 다른 은사들은 구약에서도 나타나고 있습니다. 예수님의 사역과 삶에서도 방언과 통역을 제외한 다른 모든 은사들이 나타났었습니다.

통역을 동반한 방언이 이 세대에 독특하므로 다른 은사들보다 교회에서 가장 흔하게 나타나는 은사입니다.

'여러 가지 종류의 방언'은 성령님이 주신 초자연적인 발언입니다. 이것은 말하는 사람이 전혀 배우지 않은 언어입니다. 그리

고 말하는 사람이 알아듣지도 못합니다. 물론 예외는 있지만 대개는 듣는 사람도 이해하지 못합니다. 어떤 사람이 방언으로 말할 때 그 자리에 있는 사람들 중에는 그 방언으로 말하여진 것을 이해하는 사람도 있었습니다.

한 목사님이 멕시코의 선교 본부에서 설교를 하고 있을 때 있었던 경험을 내게 말씀해준 적이 있습니다.

그는 말했습니다. "나는 5일 간이나 밤에 스페인어 통역을 통하여 설교를 했습니다. 하루는 저녁에 나의 설교가 끝난 후 멕시코 여자가 성령을 받겠다고 나왔습니다. 하나님의 능력이 그 여자에게 임했고 그 여자는 내가 들어본 중 가장 완벽한 영어로 말하기 시작했습니다. 나는 그분이 말하는 것을 모두 이해할 수 있었습니다. 그 여자는 학교를 다닌 적이 없는 여자였습니다. 그리고 그녀의 모국어는 스페인어였습니다. 그 여자가 전혀 배우지 않은 나의 모국어-영어-로 말하는 것을 들은 것은 내가 가진 경험 중에서 가장 아름다운 경험이었습니다. 나는 그 후에 정말 변화되었습니다."

다른 예는 방언을 말한 사람은 이해를 하지 못했어도 듣는 사람이 이해한 경우로 인도의 여자 선교사가 경험한 것입니다.

그 여자 선교사는 휴가로 집에 와 있는 중 성경 학교에서 하는 집회에 참석했습니다. 그 중 한 학생이 방언으로 말씀을 주었지만 아무런 통역이 없었습니다. 모두 통역이 없나 하고 기다리는 동안 그 선교사는 일어나서 말했습니다. "그 학생은 지금 인도 지방의 한 방언으로 말했습니다. 나는 말한 것을 모두 알아들었습니다. 그 말씀은 나를 위한 것이었습니다. 그렇기 때문에 통역이 주어지지 않은 것입니다. 그 말씀을 통하여 하나님은 내가 다시 인도로 돌아가기를 원하신다고 하시며 거기서 내가 할 일을 말씀해 주셨습니다."

방언 – 성령 세례의 처음 증거

사람이 성령 세례를 받을 때 방언을 말하는 것이 항상 나타납니다: "그들이 다 성령의 충만함을 받고 성령이 말하게 하심을 따라 다른 언어들로 말하기를 시작하니라" 행 2:4

그러나 나는 방언을 말하지 못하지만 성령 세례를 받았다고 주장하는 사람들과 논쟁하지 않습니다. 무엇보다도 성령님은 사람들이 거듭났을 때 사람을 새롭게 하는 일을 하십니다. 성경은 우리에게 "성령이 친히 우리의 영과 더불어 우리가 하나님의 자녀인 것을 증언하시나니"라고 말합니다. 롬 8:16

수년 전에 하나님의 더욱 깊은 것을 갈급해하는 젊은 목사로서 신약성경을 읽는 중에 나는 오순절날 제자들이 받았던 것과 같은 성령을 나도 받았다면 나에게도 똑같은 증거가 있어야 된다는 결론에 도달했습니다.

그리고 나에게 같은 증거가 없었다면 – 방언을 말하는 것 – 나는 그들이 충만함을 입었던 것과 같은 성령으로 충만함을 받았다는 성경적인 증거가 없다고 생각했습니다.

하나님께 감사합니다. 나는 같은 성령을 받았고 성령이 주시는 대로 방언으로 말했습니다.

스미스 위글스워스 목사님은 그 당시 그가 방언을 말하지는 않았지만 성령으로 충만함을 받고 세례 받았다고 주장했습니다.

그가 성공회의 몇 사람이 방언을 말한다는 것을 들었을 때 그는 그것을 보러 갔었습니다. 그는 목사와 그의 부인과 몇몇의 교인들이 성령으로 세례를 받는 것을 보았습니다.

그들이 위글스워스 목사님에게 물었습니다. "당신 안에 성령님이 계십니까?"

위글스워스 목사님은 그렇다고 대답했습니다.

"그렇다면 방언으로 말하십니까?"라고 그들이 물었습니다.

"아닙니다. 그렇지만 나는 당신들과 똑같이 성령으로 충만함을 받았습니다"라고 그는 대답했습니다.

그러나 한참 후에 위글스워스 목사님은 방언의 필요성을 보기 시작했습니다. 그는 성공회 교회 목사관으로 가서 목사에게 기도를 받으려고 했지만 목사님은 집에 없었습니다.

그러나 목사 부인이 말했습니다, "내가 당신을 위해 기도해 드리겠습니다."

위글스워스 목사님은 대답했습니다. "당신의 손을 내 머리에 얹고 내가 방언 받도록 기도해주세요."

그녀는 말했습니다, "당신은 방언을 원하는 것이 아니라 성령님을 원하시는 것입니다. 그러면 방언은 저절로 오게 되어 있습니다."

위글스워스 목사님은 "그러나 나는 성령님을 벌써 가지고 있는걸요"라고 말했습니다.

"상관치 마시고 무릎을 꿇고 앉으세요." 목사 부인은 토론하는 것을 피하려고 말했습니다.

위글스워스 목사님은 무릎 꿇었습니다. 그리고 손이 얹어졌고 하나님의 능력이 내려와 그는 방언으로 말하기 시작했습니다. 그는 나중에 말했습니다. "성령님이 오셔서 나의 모든 논쟁을 해결해 주셨습니다. 나는 그들과 똑같이 성령이 내 안에 거하신다는 사실을 주장하고 논쟁하는 것을 매일같이 했습니다. 그러나 내가 정말 성령의 충만함을 전혀 받지 못했다는 것을 순간적으로 알게 되었습니다. 하나님이 축복하셔서 나는 사역자로서 훌륭한 경험들을 했고 또 나를 설교하도록 기름 부으셔서 많은 사람들이 구원받고 치유까지 받았습니다. 그러나 나는 그때까지 정말로 성령으로 충만함을 받지 못했던 것입니다."

"당신이 하나님의 말씀 안에서 경험을 하게 되면 당신은 논쟁의 여지가 없는 경험을 하게 되는 것입니다. 그전에 내게는 논쟁만 있었습니다. 그러나 지금 내게는 하나님과의 경험이 있습니다."

공중 앞에서 방언으로 말하여 사역을 하는 것과 성령 세례를 받은 사람의 개인적인 기도 생활에서 하는 방언에는 다른 목적이 있습니다. 그러나 방언의 본질은 같습니다. 그리고 방언의 근원-성령님 자신-도 두 경우에 모두 같습니다.

믿는 자의 기도생활에 있어서의 방언

성령 세례를 받은 믿는 자들이 처음 방언을 말한 후 방언하는 것을 그만 둘 필요가 없습니다. 공중 앞에서 방언을 하는 것에 익숙하지 않더라도 그의 개인기도 생활과 하나님을 경배하는데 계속하여 방언을 사용할 수 있습니다.

세계에서 가장 오래 된 오순절 성경 학교를 영국에서 세운 고 하워드 카터Howard Carter는 다음과 같이 말했습니다. "우리는 방언을 하는 것이 성령의 내재하심의 최초의 증거일 뿐만 아니라 그 사람의 생애에서 하나님을 경배하는 것을 돕는 계속적인 경험이라는 것을 기억해야 합니다. 방언으로 기도하는 것은 결코 메마르면 안 될 흐르는 물입니다. 그리고 영적인 삶을 풍부하게 해 줄 것입니다."

종종 우리는 그 자리에 만족해하며 영적으로도 우리가 잘 도착해 있다고 생각할 수 있습니다. 왜냐하면 성령으로 세례를 받았고 한동안 방언을 말했기 때문입니다.

한 목사가 나에게 성령 세례를 오랫동안 기다렸던 한 젊은 교인에 대한 이야기를 해 주었습니다. 그는 그 교회 부흥회에 매일 나왔습니다. 그리고 결국 어느 날 저녁 성령 세례를 받았습니다. 그리고는 집회를 더 이상 오지 않았습니다. 목사가 그 청년에게 물어 보았더니 그는 대답했습니다. "저는 마침내 다 끝냈거든요!" 그러나 우리는 끝나지 않습니다. 그 경험은 시작에 불과합니다.

> 엡 5:18,19
> 18 술 취하지 말라 이는 방탕한 것이니 오직 성령으로 충만함을 받으라
> 19 시와 찬송과 신령한 노래들로 서로 화답하며 너희의 마음으로 주께 노래하며 찬송하며

사도 바울은 에베소에 있던 거듭나고 성령 충만한 믿는 자들에게 이 구절들을 썼습니다. 그는 그들에게 "성령으로 충만함을 받으라"라고 했습니다. 그는 그들에게 술에 취하지 말고 성령으로 취하라고 했습니다. 헬라어 원본은 "계속하여 성령 충만을 받으라"라는 뜻입니다; 다시 말하면, 계속적인 경험을 유지하라는 것입니다. 계속하여 성령을 마시십시오.

그리고 사도 바울은 에베소 교인들에게 성령 충만한 삶의 특성들을 말해 주었습니다: "시와 찬송과 신령한 노래들로 서로 화답하며 너희의 마음으로 주께 노래하며 찬송하며"

시는 영적인 시 또는 송가입니다. 운이 맞을 수도 있고 안 맞을 수도 있습니다. 그러나 시적인 요소가 있습니다. 이것은 성령님

의 영감을 통해 순간적으로 주어집니다. 이것은 방언과 통역을 통해서 올 수도 있고 예언으로 올 수도 있습니다.

요 7:37-39
37 명절 끝날 곧 큰 날에 예수께서 서서 외쳐 이르시되 누구든지 목마르거든 내게로 와서 마시라
38 나를 믿는 자는 성경에 이름과 같이 그 배에서 생수의 강이 흘러나오리라 하시니
39 이는 그를 믿는 자들이 받을 성령을 가리켜 말씀하신 것이라 (예수께서 아직 영광을 받지 않으셨으므로 성령이 아직 그들에게 계시지 아니하시더라)

물은 성령님을 상징합니다. 예수님께서 명절 끝날에 사람들에게 성령을 마시라고 했습니다. 예수님은 우리들에게 성령 충만함을 계속 유지하라고 말씀하고 계십니다. 그렇게 함으로써 우리는 마귀를 이기고 이 세상의 죄를 이길 수 있습니다. 그리고 그리스도를 기쁘게 하는 삶을 살 수 있습니다.

갈 5:16
… 성령을 따라 행하라 그리하면 육체의 욕심을 이루지 아니하리라

암송 구절 :

술 취하지 말라 이는 방탕한 것이니 오직 성령으로 충만함을 받으라(엡 5:18)

배운 것을 행하십시오 :

너희는 말씀을 행하는 자가 되고 듣기만 하여 자신을 속이는 자가 되지 말라(약 1:22)

제 10 과

새로운 차원의 기도

성경 구절 : 고전 14:2, 4, 18

핵심 진리 : 우리가 영으로 기도할 때 우리의 영은 인간적인 제한으로 묶이지 않습니다.

어떤 사람들은 다음과 같이 물어봅니다. "방언이 왜 필요한가요?" 한번 성령 충만함을 받고 방언을 하고는 그들의 개인기도 생활에 방언을 계속할 필요를 전혀 느끼지 못하는 사람도 있습니다.

하나님께서는 분명히 방언으로 말하는 것이 상당히 중요하다고 생각하셨습니다. 왜냐하면 사도 바울에게 신약 성경의 한 장을 - 고전 14장 - 모두 이 주제로 쓰도록 영감을 주셨기 때문입니다.

비록 모든 사람들이 모두 기도가 매우 중요한 것임에 동의함에도 불구하고 성경 어느 한 장을 모두 기도에 대해서만 쓴 것이 있습니까? 십일조와 헌금도 다른 중요한 주제입니다; 우리는 돈이 없이 하나님의 일을 할 수 없습니다. 그러나 하나님의 말씀에서 한 장을 모두 그 주제를 위해 쓰여진 것이 있습니까? 물세례는 매우 중요합니다. 그러나 우리는 그것에 대해서도 한 장을 할애해 쓴 것을 찾을 수 없습니다.

내가 말하는 것은 하나님이 필요 없는 것을 그의 말씀에 써놓지 않으셨다는 것입니다. 그는 성경을 중요하지 않은 주제들로 채워 놓지 않았습니다. 그러므로 방언에 대한 가르침은 우리 그리스도인들이 성공하는 데 중요하고 필요한 것입니다.

하나님께 비밀을 말하는 것

> 고전 14:2, 4, 18
> 2 방언을 말하는 자는 사람에게 하지 아니하고 하나님께 하나니 이는 알아듣는 자가 없고 영으로 비밀을 말함이라
> 4 방언을 말하는 자는 자기의 덕을 세우고 예언하는 자는 교회의 덕을 세우나니
> 18 내가 너희 모든 사람보다 방언을 더 말하므로 하나님께 감사하노라

2절에서 바울은 "방언을 말하는 자는 사람에게 하지 아니하고 하나님께 하나니 이는 알아듣는 자가 없고 영으로 비밀을 말함이라"라고 말할 때 공중 모임에서 방언으로 하는 사역을 이야기 한 것이 아닙니다; 바울은 성령 충만한 믿는 자들이 그들의 개인기

도 생활에서 방언으로 말하는 것에 대하여 말한 것입니다.(이것은 우리가 하나님께 말하려고 기도 모임에서 강단 앞으로 나와서 방언으로 기도하는 것도 포함합니다.)

바울은 계속하여 말하기를 "영으로 비밀을 말함이라"라고 했습니다. 모팻의 번역본은 "그는 영으로 신령한 비밀을 말하고 있습니다"라고 했습니다. 하나님은 우리가 하나님께 초자연적인 방법으로 이야기할 수 있는 방법을 고안해 놓으신 것입니다! 영으로 우리는 신령한 비밀을 하나님께 말씀드립니다!

내가 애리조나 주 메사에서 집회를 하고 있을 때 그 목사님이 한 유태인 청년의 이야기를 해주었습니다. 그는 친구가 많지 않았습니다. 그래서 교회의 한 청년이 그의 친구가 되어주었고 교회에 같이 가자고 초청했습니다.

처음 이 유대 청년이 자기는 그리스도를 믿지 않는다고 거절했습니다. 그러나 차츰 그는 그렇게 고집부릴 필요가 없다고 생각했습니다. 왜냐하면 이 기독교인 청년이 자기한테 친절을 베푼 유일한 사람이었기 때문입니다. 그래서 그는 가겠다고 동의했습니다.

예배 중에 한 여인이 일어나서 방언으로 말씀을 주었습니다. 아무 통역도 주어지지 않았습니다. 목사가 내게 말했습니다.

"내가 잠시 기다렸지만 방언 통역은 나오지 않았어요. 그래서 그냥 예배를 진행했지요. 예배가 끝난 후 내가 사람들과 악수를 하는 동안 유대인 청년이 내게 물었습니다. '아까 내게 말을 한 그 여인이 누구에요?'

처음에 나는 그가 무슨 말을 하고 있는지 이해하지 못했습니다. 그가 설명을 했습니다. '예배 중에 일어나서 우리의 말(히브리어)로 내게 말한 사람 말이에요, 내 이름까지 불렀어요. 그 여자는 내가 무슨 생각을 했는지 말했습니다. 그 여자는 그리스도가 메시아라고 말했고 또 나도 믿어야 한다고 했어요.'

그 청년은 많은 사람들 앞에서 자신에 대해 그렇게 이야기한 것에 대하여 불쾌한 듯 했습니다. 제가 그 청년에게 말했습니다. '그 여자는 초등학교 5학년 밖에 안 다닌 혼자 사는 과부입니다. 사람들의 빨래를 해주면서 사는 사람이에요. 그 여자는 영어 외에 다른 나라 말은 못합니다.'

그리고 그 여자를 불러서 그 청년을 소개했습니다. 그래서 그 청년이 보고 그 여자가 교육이 없는 사람인 것을 알도록 했습니다.

다음 주일 저녁에도 그 유태 청년이 예배에 다시 왔습니다. 그리고 그날 저녁 그리스도에게 그의 심령을 드렸습니다."

그 겸손한 과부는 그녀를 통해서 잃어버린 청년에게 말씀하신 성령의 역사에 순종하여 이 젊은 유태 청년이 그리스도를 그의 메시아와 구세주로 받아들이게 했던 것입니다.

영적인 세움

고전 14장 4절은 "방언을 말하는 자는 자기의 덕을 세우고"라고 말합니다. 이것은 방언을 하는 자는 영적으로 자기의 덕을 세운다는 뜻입니다. 유다서 20절은 이렇게 말합니다. "사랑하는 자들아 너희는 너희의 지극히 거룩한 믿음 위에 자신을 세우며 성령으로 기도하며."

이것은 성령으로 기도하는 자가 믿음이 생긴다는 말이 아닙니다; 이것은 지극히 거룩한 믿음 위에 자신을 세운다는 말입니다. 이것은 영적인 세움의 방법입니다.

나는 시골 교회에서 목회를 하는 젊은 목사로서 교인 중 한 부부가 사는 집에 함께 살고 있었습니다. 그 부인은 위궤양으로 매우 아팠습니다. 그래서 아기들이 먹는 이유식과 날계란을 우유에 타서 먹는 것 외에는 먹을 수가 없었습니다. 그 여자는 그것을 소화시키기도 힘들어했습니다.

그러다가 그녀가 성령 세례를 받았습니다. 나는 그 자리에 없었지만 그녀는 내게 어떻게 성령 충만함을 받았고 어떻게 방언을 말하게 되었는지 말해 주었습니다.

아무도 그녀의 병 치유를 위해 손을 얹고 기도하지 않았습니다. 그러나 그녀가 성령을 받는 순간부터 즉시 치유를 받았고 원하는 것은 무엇이든지 먹을 수 있게 되었습니다.

아무도 치유와 축복을 같이 가져온 경험에 대해 흠을 잡을 수 없습니다. 그녀는 믿는 사람이었고 하나님의 훌륭한 자녀였고 헌신적인 그리스도인이었습니다. 방언으로 기도함으로 그녀는 그녀의 가장 거룩한 믿음 위에 자신을 세웠고 그녀의 믿음은 역사하기 시작했습니다.

나는 이런 일들을 여러 번 보았습니다. 나는 불치의 병이 있던 사람들이 성령의 세례를 받고 방언을 하고 즉시 치유함을 받은 것을 보았습니다. 우리는 그 전에도 이 사람들에게 손을 얹고 기도한 적이 있었습니다. 그러나 그 전에는 치유함을 받지 못했었습니다.

우리는 방언으로 말하는 것이 사람에게 영적인 증진이 되는 것을 압니다. 방언은 우리를 세웁니다 — 방언은 우리를 세워줍니다.

찬양의 새로운 차원

방언으로 말하는 것은 하나님을 높이는 방법입니다. 우리는 사도행전 10장 46절에서 고넬료와 그의 집안에 대하여 읽어 볼 수 있습니다. "이는 방언을 말하며 하나님 높임을 들음이러라."

나는 성령 세례를 받기 전에도 수년 간 사역을 했습니다. 그 동안에 나는 기도하면서 놀라운 시간들을 보냈습니다. 그러나 기도하다가 축복을 많이 받았지만 실망한 적도 많았습니다. 나는 무엇인가 빠진 것 같은 기분이었습니다.

나는 하나님께 내가 얼마나 하나님을 사랑하는지 내가 알고 있는 모든 형용사를 동원하여 말하곤 하였습니다. 그러나 나의 어휘들은 금방 고갈되었습니다. 내 영 안에서 나는 말하고 싶은 것을 다 말하지 못한 것을 알았습니다. 이것은 나의 영이 나의 마음과 다른 것을 기도하고 싶어 했기 때문입니다. "내가 만일 방언으

로 기도하면 나의 영이 기도하거니와 나의 마음은 열매를 맺지 못하리라"고전 14:14

내가 성령 세례를 받고 방언을 말한 뒤 이 모든 것이 변했습니다. 나는 이제 하나님과 새로운 차원에서 교통할 수 있습니다. 나의 영은 이 세상의 어휘에 묶이지 않아도 됩니다; 나의 영은 인간의 언어의 제한을 넘어 높이 솟아오를 수 있습니다. 나의 영은 내재하시는 성령님의 도움으로 내가 말하고 싶은 것을 말할 수 있습니다.

영으로 기도하는 것은 내 삶에 측량할 수 없을 만큼 가치 있는 일입니다. 수년 동안 나는 순회 사역을 하며 여행을 했기 때문에 가족들과 떨어져 있어야만 했습니다. 성령님은 수차례 내 가족이 필요한 것을 내게 알려 주셨습니다. 성령님은 나를 밤에 깨워 집에서 일어난 문제를 위해 기도하도록 하셨습니다. 그러면 나는 곧 기도를 하곤 했습니다. "나는 무엇이 잘못되었는지 모릅니다. 문제의 근원이 어디 있는지 모릅니다 — 그러나 당신은 모든 것을 아십니다."

나는 무슨 일이든지 내 안에 계신 보혜사 성령님께 이 상황에 대해 어떻게 기도할 것을 도와주시도록 여쭙곤 했습니다. 그리고 나는 방언으로 기도하기 시작했습니다.

나는 방언으로 여섯 시간까지 기도한 적도 있습니다. 종종 주님은 내가 무엇을 기도하는지 그것의 응답이 무엇인지 가르쳐 주시곤 했습니다. 내가 무엇을 기도하는지 알려 주시든 알려주시지 않던 나는 바르게 기도하고 있는 것을 알았습니다. 그러면 수일 내에 이 일이 어떻게 되는지 알아지곤 했습니다.

영으로 기도하는 것은 내 삶에서 큰 축복이었으므로 나는 모든 그리스도인들이 그들의 기도 생활에 이것을 사용하게 되기를 권면하고 싶습니다.

나는 여러분이 하나님과 성령 안에서 교제하는 기쁨을 알기를 원합니다. 나는 성령님이 여러분의 기도생활을 도우시기를 원합니다. 나는 여러분이 들어와 하나님과 초자연적으로 교통하시는 일에 초대합니다.

하나님은 당신을 위해 훨씬 더 많은 일을 하시기 원하십니다. 당신과 더 좋은 방법으로 교통하시기를 원합니다.

암송 구절 :
내가 만일 방언으로 기도하면 나의 영이 기도하거니와 나의 마음은 열매를 맺지 못하리라(고전 14:14)

배운 것을 행하십시오 :
너희는 말씀을 행하는 자가 되고 듣기만 하여 자신을 속이는 자가 되지 말라(약 1:22)

제 11 과

간구와 성별의 기도

성경 구절 : 마 21:22; 막 11:24; 눅 22:42

핵심 진리 : 하나님은 우리가 당면하는 모든 일에 관심이 있으십니다. 하나님은 우리의 모든 필요를 기도를 통해 채워주실 준비를 해 놓으셨습니다.

    킹 제임스 번역본은 에베소서 6장 18절에서 다음과 같이 말합니다. "모든 기도와 간구를 하되 항상 성령 안에서 기도하고…" 모팻의 번역본은 다음과 같습니다. "모든 방법의 기도로써…" 그리고 다른 번역은 이렇게도 말합니다. "모든 종류의 기도로써 기도하며…"

    이 과에서는 신약에서 말하는 여러 가지 종류의 기도에 대하여 살펴보겠습니다.

    여러 가지 경기들이 운동이라는 범주에 속해있듯이 여러 가지 종류의 기도도 일반적으로 '기도'라고 하는 범주 안에 같이 속해 있습니다.

우리는 여러 가지 운동 경기에 각기 다른 규칙이 사용되듯이 다른 종류의 기도에도 각기 다른 원리와 규칙과 영적인 법칙들이 적용되는 것을 알아야 합니다. 운동에 있어서 야구에 적용되는 규칙을 축구에 적용할 수 없습니다.

유럽에서 온 손님을 뉴욕에서 하는 미국의 야구 경기를 관람하러 데리고 가게 되었습니다. 그는 경기에 대하여 잘 알지 못했습니다. 왜냐하면 그의 나라에서는 이런 경기를 하지 않기 때문입니다. 그러므로 그는 경기에서 사용하는 언어를 잘 알지 못했기 때문에 수차례 물어 봐야 했습니다. 그는 완전히 다른 종류의 운동 경기에는 익숙했지만 동일한 규칙이 모든 경우에 적용되는 것은 아니라는 것을 알았습니다.

이와 마찬가지로 영적으로도 한 기도에 적용되는 법칙이 다른 기도에 적용되지 않을 수도 있습니다. 그러므로 어떤 기도에 잘못된 법칙을 적용한다면 크게 혼란이 올 수도 있습니다.

이곳에서 처음 살펴 볼 기도는 간구의 기도입니다.

간구의 기도

마 21:22

너희가 기도할 때에 무엇이든지 믿고 구하는 것은 다 받으리라 하시니라

막 11:24
그러므로 내가 너희에게 말하노니 무엇이든지 기도하고 구하는 것은 받은 줄로 믿으라 그리하면 너희에게 그대로 되리라

그리스도인들이 가장 많이 하는 기도는 역시 간구의 기도입니다. 우리는 항상 하나님께 무엇을 해달라고 구하고 간구합니다. 물론 이것은 성경적입니다. 마태복음 21장 22절에서 "기도할 때에 무엇이든지 믿고 구하라"라고 했습니다.

간구의 기도는 믿음의 기도여야 합니다. 이것은 주로 개인의 욕망, 필요나 문제 때문에 하는 기도입니다. 이것은 당신이 당신 자신을 위하여 하는 기도입니다. 다른 사람이 당신을 위하여 하는 기도나 다른 사람과 합심하여 하는 기도가 아닙니다.

당신이 간구의 기도를 할 때 받은 것을 믿으십시오. 만일 그렇게 하면 당신이 구한 것을 받을 것입니다. 하나님은 우리의 필요에 관심이 있으시고 우리의 필요를 채우시기 원하십니다.

구약에서는 하나님께서 그 백성들에게 영적인 축복 이상의 것을 약속하셨습니다; 하나님은 그들에게 물질적으로, 재정적으로 축복하시겠다고 약속하셨습니다. 하나님은 그들 중에서 병을 제하시겠다고 말씀하셨고 그들에게 장수함을 주시겠다고 약속하셨습니다: "내가 너의 날 수를 채우리라" 출 23:26 하나님은 또 그 백성들이 그의 계명을 지키면 땅의 좋은 것으로 먹으리라고 말씀하셨습니다. 사 1:19

하나님은 오늘날도 그때와 똑같이 자기 백성에게 관심이 있습니다. 하나님은 우리의 삶에 당면하는 모든 일에 관심이 있습니다. 하나님은 요한삼서 2절에 "사랑하는 자여 네 영혼이 잘됨 같이 네가 범사에 잘되고 강건하기를 내가 간구하노라"라고 약속하셨습니다.

예수님께서 말씀하셨습니다, "너희가 악한 자라도 좋은 것으로 자식에게 줄 줄 알거든 하물며 하늘에 계신 너희 아버지께서 구하는 자에게 좋은 것으로 주시지 않겠느냐"마 7:11 우리는 우리의 필요들이 - 영적, 육신적, 그리고 물질적 - 충족되는 것이 하나님의 뜻인 것을 꼭 알아야 합니다.

어떤 사람들은 그들의 기도를 꼭 "만일 이것이 당신의 뜻이라면 이루어 주세요"라고 끝냅니다. 그들은 예수님께서 그렇게 기도했다고 주장합니다. 그러나 예수님께서 그렇게 기도한 것은 겟세마네 동산에서 꼭 한번 뿐입니다.

반대로 나사로의 무덤 앞에서 예수님은 "만일 이것이 당신의 뜻이라면"이라고 기도하시지 않았습니다. 대신에 예수님은 이렇게 말씀하셨습니다. "아버지여 내 말을 들으신 것을 감사하나이다"요 11:41-43 그리고 그는 나사로에게 나오라고 명령했습니다.

나사로를 일으킨 기도는 뭔가를 변화시키는 기도입니다. 언제나 우리가 무엇을 변화시키기 위해 기도할 때 우리는 기도에 '만일'이라는 단어를 써선 안 됩니다. '만일'이란 단어를 쓴다면 우리는 잘못된 규칙을 사용하고 있는 것입니다. 그러한 기도는 응답 받지 못합니다. 그 대신에 우리는 간구에 대한 하나님의 약속을 주장하고 받은 것을 믿어야 합니다.

겟세마네 동산에서 '만일'이란 단어를 쓰신 예수님의 기도는 성별의 기도였습니다.

성별의 기도 The Prayer of Consecration

> 눅 22:42
> 이르시되 아버지여 만일 아버지의 뜻이거든 이 잔을 내게서 옮기시옵소서 그러나 내 원대로 마시옵고 아버지의 원대로 되기를 원하나이다 하시니

겟세마네 동산에서 그리스도가 하신 기도는 순종, 성별, 그리고 헌신의 기도입니다: "만일 아버지의 뜻이거든 … 내 원대로 마시옵고 …"

그는 아버지가 자기에게 원하시는 일을 하기 원하셨습니다.

이것은 간구의 기도가 아닙니다. 이것은 무엇을 얻는다든지 무엇을 변화시키기 위한 기도가 아닙니다. 이것은 성별의 기도입니다.

하나님께서 어디를 가라고 하시든지 또는 무엇을 하라고 하시든지 우리의 삶을 그분이 원하시는 대로 사용하시기 원할 때 우리는 이런 종류의 기도를 합니다. 성별과 헌신의 기도에서 우리는 '만일 이것이 당신의 뜻이라면'이라고 기도할 수 있습니다.

우리가 무엇을 변화시키기 원한다든지, 하나님으로부터 무엇인가 받기 원할 때 우리는 "만일 이것이 당신의 뜻이라면"이라고 기도해선 안 됩니다. 왜냐하면 벌써 하나님의 말씀에 이것에 관한 것이 있는 것을 우리가 알기 때문입니다. 우리는 하나님이 우리의 필요를 채우시는 것이 그분의 뜻인 줄 압니다.

암송 구절 :
모든 기도와 간구를 하되 항상 성령 안에서 기도하고 이를 위하여 깨어 구하기를 항상 힘쓰며 여러 성도를 위하여 구하라 (엡 6:18)

배운 것을 행하십시오 :
너희는 말씀을 행하는 자가 되고 듣기만 하여 자신을 속이는 자가 되지 말라(약 1:22)

제 12 과

경배의 기도 (1부)

성경 구절 : 행 13:1-4

핵심 진리 : 하나님께 순복하는 심령들이 찬양을 쏟아 놓을 때 성령은 그들 가운데 그분 자신을 나타내십니다.

　우리가 지난 과에서 보았듯이 우리의 대부분의 기도는 간구 형태의 기도입니다.

　우리 중 많은 사람들은 "주님, 내 이름은 지미입니다. 그리고 저는 주님이 제게 주시는 것은 다 받겠습니다!"라고 기도하는 어린 소년처럼 기도합니다. 이런 기도만이 우리가 아는 기도의 전부인 것 같습니다. 그리고 만일 우리가 이런 기도만 한다면 주님이 가끔 우리들의 '달라'는 기도에 싫증이 나시지 않을지 걱정입니다. 우리는 주님께 아무것도 구하지도 않으며, 간구하지도 않으며, 주님 앞에 기다리고 섬기는 시간이 필요합니다.

　우리는 주님을 우리 개인의 기도 생활에서 섬길 뿐 아니라 여럿이 모여서도 그렇게 해야 합니다. 우리는 신약에서 그렇게 예배드리는 모습을 볼 수 있습니다.

> 행 13:1-4
> 1 안디옥 교회에 선지자들과 교사들이 있으니 곧 바나바와 니게르라 하는 시므온과 구레네 사람 루기오와 분봉 왕 헤롯의 젖동생 마나엔과 및 사울이라
> 2 주를 섬겨 금식할 때에 성령이 이르시되 내가 불러 시키는 일을 위하여 바나바와 사울을 따로 세우라 하시니
> 3 이에 금식하며 기도하고 두 사람에게 안수하여 보내니라
> 4 두 사람이 성령의 보내심을 받아 실루기아에 내려가 거기서 배 타고 구브로에 가서

오늘날 그리스도인들이 교회에 모여서 예배를 드릴 때 우리들은 서로를 섬깁니다. 우리의 예배는 그런 식으로 만들어져 있습니다. 찬송도 주님을 섬기는 것이 별로 없습니다; 우리는 찬송에서도 우리 서로를 섬깁니다. 특송으로 독창을 할 때에도 우리는 주님을 섬기지 않고 서로를 섬깁니다.

우리의 기도는 주로 간구입니다. 우리는 주님이 우리 가운데 역사하시기를 간구합니다. 우리 가운데 그 자신을 나타내시기를 간구합니다. 그리고 우리의 모든 필요를 채우실 것을 간구합니다.

목사가 일어나 말씀을 전할 때도 주님을 섬기지 않습니다; 그는 회중에게 사역을 하는 것입니다. 예배가 끝난 후 우리가 주님을 기도로 기다리는 시간이 있는 경우라도 주로 간구의 기도를 하게 됩니다.

그러므로 우리가 교회를 가는 것은 주님을 섬기려고 가는 것보다는 우리 자신이 주님을 구하고 기도하기 위해 가는 것입니다. 그러나 사도행전 13장에서 볼 수 있는 그리스도인들은 그들이 모여서 "주를 섬겨 금식할 때에"라고 했습니다. 이것은 한 사람 이상이 모인 것을 말합니다. 왜냐하면 여기에 "그들"이라는 말이 있기 때문입니다. 이것이 진실된 경배의 기도입니다.

사람의 찬양을 향한 하나님의 갈망

하나님은 사람을 자신과 교제하기 위해서 지으셨습니다. 하나님은 그 자신을 기쁘시게 하기 위하여 사람을 지으셨습니다. 하나님이 우리와 우리의 모든 필요를 채우기를 원하시는 것은 확실합니다. 그러나 그것보다도 하나님은 우리의 사랑과 경배와 교제를 원하십니다.

우리는 하나님으로부터 태어났습니다. 하나님은 우리의 아버지이십니다. 땅에 있는 어떤 부모가 그들의 자녀와 교제하기를 원하는 것보다도 더 하나님은 그의 아들들과 딸들과 교제하는 것을 기뻐하십니다.

한 부흥회에서 나는 좀 다른 것을 하려고 결심했습니다. 집회가 6주간이 지난 후 나는 회중에게 말했습니다. "좀 다른 집회를 가져 봅시다. 앞으로 남은 2주간의 모임에 3일 밤 동안은 우리가 모여서 주님을 섬기도록 하겠습니다."

내가 설명했습니다. "내가 성경 말씀을 좀 읽고 간단한 말씀을 전하겠습니다. 그러나 나는 설교를 하지 않을 것이고 우리는 하나님께 간구하지 않을 것입니다. 우리는 모여서 하나님을 기다리겠습니다 — 하나님을 섬기고 경배하겠습니다. 만일 이렇게 기도하는 것이 싫으시면 그날 저녁은 안 오셔도 됩니다."

나는 덧붙여 말했습니다. "우리가 모여 하나님을 섬길 때 10분 정도 기다리는 것이 아니라, 여러분이 적어도 1시간이나 혹은 더 길게 기도하고 주님을 기다린다는 생각으로 오시기 바랍니다. 우리는 주님을 섬길 것입니다. 찬양을 할 것입니다. 우리가 얼마나 주님을 사랑하는지 말해 드리고 그의 선하심과 자비하심을 감사할 것입니다."

그런 저녁들은 사람들이 훨씬 적게 모일 것이라고 생각할 수도 있었겠지만 그렇지 않았습니다. 주님을 위한 찬양과 경배를 드리는 날에도 다른 날과 똑같이 사람들이 모였습니다. 나는 사람들이 주님을 섬기기wait on: 시중들다를 원한다는 것을 알았습니다. 그런 분위기에서 주님은 우리에게 특별한 방법으로 역사해주셨습니다. 나는 우리가 시간을 들여 하나님을 기다리고 섬기지 않는 태도 때문에 많은 축복을 놓치고 있다고 확신합니다.

찬양의 능력

참으로 이런 분위기야말로 하나님이 역사하실 수 있는 것임을 여러분이 주목하시기 바랍니다. 사도행전 13장 2절은 "주를 섬겨 금식할 때에 성령이 이르시되"라고 했습니다. 많은 심령들이 주님을 향한 찬양과 사랑으로 가득 찼을 때 성령님은 그 자신을 나타내시고 하나님의 뜻을 보여 주시고 하나님의 자녀들의 삶을 인도하십니다.

어느 목사가 찬양의 능력에 대한 경험을 내게 말해 주었습니다. 그는 아주 젊은 부흥사로서 사역 초기에 그가 부흥회를 하는 어느 교회 목사의 집에 거하고 있었습니다.

밤중에 목사에게 전화가 와서 아이가 경기를 한다고 와서 기도해달라고 했습니다. 목사는 장례식 설교를 하기 위해 출장 중이었고 그 사모님이 젊은 부흥사에게 같이 가 달라고 했습니다. 그리고 몇 명의 신앙이 좋은 교인들도 같이 아기를 위하여 기도하러 갔습니다.

그가 내게 말했습니다. "우리는 마귀를 내쫓았습니다. 소리를 높여 기도했습니다. 그리고 하나님이 들으실 것이라고 생각되는 모든 기도와 간구를 드렸습니다. 한 40분 동안 열렬한 기도 후에도 아이는 낫지 않았습니다. 계속하여 경기를 하고 있었습니다. 나는 내가 아는 모든 것을 다 했습니다 – 다른 사람들이 하는 것들을 모두 다 했습니다 ― 그러나 아무 일도 일어나지 않았습니다. 그리고는 같이 간 사람들이 차차 조용해졌습니다. 사모님이 조용히 말하기 시작했습니다. '주님, 찬양합니다. 주님을 찬양합니다.' 그러면서 그녀의 입에서 찬양이 흘러 나왔습니다. 그녀는 계속하여 10분간 찬양의 영으로 찬양했습니다. 드디어 우리는 하나씩 하나씩 그 여자를 따라 하나님을 찬양하였습니다. 그런 분위기 가운데 아이의 경기가 멈췄고, 아기는 잠이 들었습니다. 우리는 둘러서서 기뻐했습니다. 그러나 우리가 말하고 있는 동안 아이가 깨어서 다시 경기를 했습니다. 우리는 놀라서 기도하고 마귀를 내쫓기 시작했습니다. 우리는 아이에게 기름을 바르고 손을 얹었습니다. 우리는 다시 모든 종류의 기도를 다시 했습니다. 그러나 아무 소용이 없었습니다. 우리가 다시 앉았을 때 사모님은 다시 주님을 찬양하기 시작했습니다. 주님을 섬기기 시작하였습니다. 그리고 얼마나 그녀가 하나님을 사랑하는지 말했고 우리는 모두 함께 주님을 섬겼습니다. 그러자 아이의 경기가 그치고 다시 잠을 자기 시작했습니다. 이번에는 완전히 치유되었습니다. 그날 저녁 나는 찬양의 능력을 보았습니다."

  이것은 아무 것도 잘 안되는 상황에서 경배의 기도가 작용한 것의 한 예입니다. 초대 교회의 교인들처럼 이런 믿는 자들이 주님을 섬겼을 때 성령님은 역사하시고 하나님은 놀라운 능력을 나타내신 것입니다.

암송 구절 :

그들이 그에게 경배하고 큰 기쁨으로 예루살렘에 돌아가 늘 성전에서 하나님을 찬송하니라(눅 24:52,53)

배운 것을 행하십시오 :

너희는 말씀을 행하는 자가 되고 듣기만 하여 자신을 속이는 자가 되지 말라(약 1:22)

제 13 과

경배의 기도 (2부)

성경 구절 : 행 16:22-25; 대하 20:15, 17-19, 21, 22; 눅 24:50-53

핵심 진리 : 찬양은 초대 교회의 특징이었습니다.

사도행전 16장에서 바울과 실라가 빌립보에 있었던 이야기를 읽을 수 있습니다. 그들은 체포되어 매를 맞고 감옥에 갇혔습니다.

행 16:22-25
22 무리가 일제히 일어나 고발하니 상관들이 옷을 찢어 벗기고 매로 치라 하여
23 많이 친 후에 옥에 가두고 간수에게 명하여 든든히 지키라 하니
24 그가 이러한 명령을 받아 그들을 깊은 옥에 가두고 그 발을 차꼬에 든든히 채웠더니
25 한밤중에 바울과 실라가 기도하고 하나님을 찬송하매 죄수들이 듣더라

자정에 한 찬양

　25절에 특별한 주의를 집중하시기를 바랍니다. "한밤중에 바울과 실라가 기도하고 하나님을 찬송하매" 그들은 무엇이 그렇게 기뻐서 노래하고 싶었을까요? 분명 아무 것도 그들에게 제대로 되는 일이 없었습니다.

　그들은 복음의 기쁜 소식을 전파하고 있었지만 그들이 얻은 것은 무엇입니까? 그들은 통치자 앞에 불려와 송사를 당했고 매를 맞은 후 그들의 발에 차꼬가 채워지고 감옥에 갇혔습니다.

　그들의 등은 매를 맞아 피가 나고 아팠습니다. 온 몸이 쑤시고 아팠습니다. 그러나 그들이 신음하고 불평하고 울면서 "왜 이런 일이 내게 일어났단 말인가"라고 했습니까? 아닙니다. 성경은 그들이 하나님을 찬송했다고 말합니다.

　만일 그들이 오늘날 우리 중 몇 사람들과 같았다면 성경은 이렇게 말했을지도 모릅니다. "밤 중 쯤 되어 바울과 실라가 불평하고 불만하여 엄살을 부리고 끙끙거리며 왜 하나님이 이런 일을 일어나게 허락하셨는지 궁금했습니다." 그들의 대화는 다음과 같았을 것입니다. "바울아, 너 아직 거기 있지?" "그럼, 여기 있지. 내가 어디 갈수 있겠어?" "내 등은 얼마나 아픈지 몰라. 나는 하나님께서 이런 일들을 왜 우리에게 보내셨는지 모르겠어. 하나님도 내가 어떻게 당신을 섬긴 것과 내가 최선을 다한 것을 아실 텐데."

이러한 태도는 그들이 문제에서 나올 수 있게 하기는커녕 더 큰 문제를 당하게 했을 것입니다.

우리는 바울과 실라에게서 배워야 합니다. 무엇보다도 그들은 곤경에 처해 있었습니다. 그들은 고통 중에 있었습니다. 그들은 감옥에 갇혀 있었습니다. 모든 것이 다 냉혹해 보였습니다. 그들이 실망한다고 해도 그들을 나무랄 수는 없는 상황이었습니다. 그러나 어떤 사람이 말했듯이 바울과 실라는 비록 감옥에 갇혀 있었지만 그들은 감옥이 그들을 장악하게 하지는 않았습니다.

많은 사람들이 패배하는 이유가 바로 이것입니다. 고난은 우리 모두에게 옵니다. 그러나 그것을 대하는 우리의 태도에 따라서 우리는 승리할 수도 있고 패배할 수도 있습니다. 우리가 그 상황을 어떻게 보느냐에 따라 그 상황에서 빠져나올 수 있는 관건이 됩니다.

바울과 실라의 상황에서 우리는 어두운 시간 – 우리가 시험받는 시간 – 인생의 폭풍이 우리를 물속으로 몰아넣을 때 우리가 도움을 받을 수 있는 길을 발견할 수 있습니다.

바울과 실라는 휴가로 빌립보에 간 것이 아닙니다. 그들은 거기서 주님의 일을 하려고 갔습니다. 그들은 하나님의 뜻 밖에 있지 않았습니다.

역경이 다가올 때 어떤 사람들은 가장 먼저 그들이 하나님의 뜻 밖에 있었을 것이라고 생각합니다. 만일 그렇지 않다면 이런 일이 일어날 리가 없다고 생각합니다. 그러나 바울과 실라는 하나님의 뜻 가운데 있었습니다.

우리가 모든 일이 순조롭게 되는 것이나 혹은 아무 어려운 일이 없는 것과 아무 희생이 없는 것에 의해서 하나님의 뜻 가운데 있었는가를 평가한다면 바울은 그의 전 사역을 통하여 한번도 하나님의 뜻 가운데 있었던 적이 없을 것입니다 – 그는 처음부터 끝까지 하나님의 뜻을 놓친 것입니다.

우리가 25절에 있는 것을 잘 살펴보겠습니다. "한밤중에 바울과 실라가 기도하고 하나님을 찬송하매 죄수들이 듣더라" 그들은 조용히 있지 않았습니다. 그들은 감옥에서 하나님을 아주 크게 찬양했습니다.

죄수들이 그것을 들었을 뿐 아니라 하나님도 그들의 찬양을 들으셨습니다! "이에 갑자기 큰 지진이 나서 옥터가 움직이고 문이 곧 다 열리며 모든 사람의 매인 것이 다 벗어진지라" 26절

그들이 찬양하는 중에 구원의 손길이 임했습니다.

전쟁 중의 찬양

위의 이야기에 관련된 이야기를 구약에서 살펴봅시다. 여호사밧 왕 재임 시에 암몬과 모압이 이스라엘을 침략해 왔습니다. 여호사밧 왕이 주님께 기도로 부르짖었고 하나님은 응답하셨습니다.

대하 20:15, 17-19, 21,22

15 야하시엘이 이르되 온 유다와 예루살렘 주민과 여호사밧 왕이여 들을지어다 여호와께서 이같이 너희에게 말씀하시기를 너희는 이 큰 무리로 말미암아 두려워하거나 놀라지 말라 이 전쟁은 너희에게 속한 것이 아니요 하나님께 속한 것이니라
17 이 전쟁에는 너희가 싸울 것이 없나니 대열을 이루고 서서 너희와 함께 한 여호와가 구원하는 것을 보라 유다와 예루살렘아 너희는 두려워하지 말며 놀라지 말고 내일 그들을 맞서 나가라 여호와가 너희와 함께 하리라 하셨느니라 하매
18 여호사밧이 몸을 굽혀 얼굴을 땅에 대니 온 유다와 예루살렘 주민들도 여호와 앞에 엎드려 여호와께 경배하고
19 그핫 자손과 고라 자손에게 속한 레위 사람들은 서서 심히 큰 소리로 이스라엘 하나님 여호와를 찬송하니라
21 백성과 더불어 의논하고 노래하는 자들을 택하여 거룩한 예복을 입히고 군대 앞에서 행진하며 여호와를 찬송하여 이르기를 여호와께 감사하세 그의 인자하심이 영원하도다 하게 하였더니
22 그 노래와 찬송이 시작될 때에 여호와께서 복병을 두어 유다를 치러 온 암몬 자손과 모압과 세일 산 주민들을 치게 하시므로 그들이 패하였으니

여호사밧 왕은 침략해 오는 연합 군대를 자신의 군대가 당할

수 없다는 것을 알았지만 그의 하나님은 그들을 상대하고도 남을 것을 알고 있었습니다. 그는 기도회를 모았고 백성들은 금식하고 기도했습니다. 하나님의 영이 모인 회중 중에서 한 젊은이에게 임했고 그는 일어나서 예언했습니다. 주님은 그들에게 두려워하지 말라고 하셨고 전쟁은 주님의 것이라고 했습니다.

다음 날 아침 그들이 적의 강한 군대에 맞서 나갔을 때 그들은 창과 칼을 가지고 나간 것이 아니라 찬양의 노래로 나갔습니다. 21절 그들은 행진하며 되풀이하여 구호를 외쳤습니다. "여호와를 찬송하여 이르기를 여호와께 감사하세 그의 인자하심이 영원하도다" 시험 기간에 두려움으로 위축되는 대신에 이스라엘 자손들은 바울과 실라가 감옥에서 했듯이 하나님을 찬양하였습니다.

그 후 이 전쟁의 결과는 어떻게 되었을까요? 22절을 보십시오. "그 노래와 찬송이 시작될 때에 여호와께서 복병을 두어 유다를 치러 온 암몬 자손과 모압과 세일 산 주민들을 치게 하시므로 그들이 패하였으니" 그들이 하나님을 찬양하기 시작할 때 하나님은 어떤 일을 이루셨습니다. 그들은 하나님의 능력이 나타나는 것을 본 증인들이 되었습니다.

찬양, 초대 교회의 특징

찬양과 기쁨의 영은 초대 교회의 특징이었습니다.

눅 24:50-53

50 예수께서 그들을 데리고 베다니 앞까지 나가사 손을 들어 그들에게 축복하시더니

51 축복하실 때에 그들을 떠나 하늘로 올려지시니

52 그들이 그에게 경배하고 큰 기쁨으로 예루살렘에 돌아가

53 늘 성전에서 하나님을 찬송하니라

제자들은 예수님이 하늘로 들리어 올리신 것을 본 후, 하나님께 대하여 감사와 찬양으로 가득 찬 심령으로 예루살렘으로 돌아갔습니다.

그리고 우리는 그들에 대하여 사도행전 2장 46,47절에서 "날마다 마음을 같이하여 성전에 모이기를 힘쓰고 집에서 떡을 떼며 기쁨과 순전한 마음으로 음식을 먹고 하나님을 찬미하며 또 온 백성에게 칭송을 받으니 주께서 구원 받는 사람을 날마다 더하게 하시니라"라고 한 것을 읽을 수 있습니다.

다음과 같은 표현을 주의해서 보시기 바랍니다. "날마다 마음을 같이하여 … 기쁨과 순전한 마음으로 … 하나님을 찬미하며…" 초대 그리스도인들에게는 이런 일들이 가끔 일어나는 것이 아니었습니다. – 아주 한참 만에 일어나는 일도 아니었습니다. 성경은 '날마다'와 '매일'이라는 단어를 쓰고 있습니다.

오늘날 너무 많은 그리스도인들이 6개월 정도의 '응답받을 때까지 하는 기도'를 한 후 조금의 찬양과 하나님을 축복하는 시간

을 갖습니다. 우리가 이런 경험들을 기록한다면 우리는 '가끔' 이라든가 혹은 '일년에 두 번 정도'라는 단어를 쓸 것입니다. 그러나 성경은 초대 교인들이 날마다 성전에 모이고 찬양하고 하나님을 축복했다고 말하고 있습니다.

우리에게 초대 교회와 같은 하나님의 능력이 나타나기를 원한다면 그들이 했던 찬양이 우리 가운데도 있어야 할 것입니다.

암송 구절 :

그들이 그에게 경배하고 큰 기쁨으로 예루살렘에 돌아가 늘 성전에서 하나님을 찬송하니라(눅 24:52 ,53)

배운 것을 행하십시오 :

너희는 말씀을 행하는 자가 되고 듣기만 하여 자신을 속이는 자가 되지 말라(약 1:22)

제 14 과

연합된 기도

성경 구절 : 행 4:23-31

핵심 진리 : 연합된 기도에는 능력이 있습니다.

    사도행전 3장에 베드로와 요한이 미문을 통하여 성전에 들어가던 것을 읽을 수 있습니다. 그런데 거기서 그들은 구걸하는 한 사람을 보았습니다.

    베드로가 그 사람을 보며 자기들을 쳐다보라고 말했습니다. 그 사람이 동전이라도 얻을까 기대하며 베드로를 바라볼 때 베드로가 그에게 말했습니다. "은과 금은 내게 없거니와 내게 있는 이것을 네게 주노니 나사렛 예수 그리스도의 이름으로 걸으라." 베드로는 그 사람의 손을 잡고 일으켰습니다. 그리고 그 사람은 걷기 시작하였습니다. 그는 하나님을 찬양하면서 성전에 들어갔습니다.

    이 일은 사람들을 소동하게 했고 베드로와 요한은 제사장과 장로들에게 붙잡혀 갔습니다. 그들은 감옥에 들어가게 되었고 다음 날 통치자 앞으로 불려갔습니다. 정말 기적이 일어난 것을 부정할 수 없었으므로 제사장들은 그들을 놓아주어야 했습니다. 그러나 그들에게 앞으로는 예수님의 이름으로 가르치거나 설교를 하지 못하도록 명령했습니다. 그러면 다음을 읽어 보십시다:

행 4:23-30
23 사도들이 놓이매 그 동료에게 가서 제사장들과 장로들의 말을 다 알리니
24 그들이 듣고 한마음으로 하나님께 소리를 높여 이르되 대주재여 천지와 바다와 그 가운데 만물을 지은 이시요
25 또 주의 종 우리 조상 다윗의 입을 통하여 성령으로 말씀하시기를 어찌하여 열방이 분노하며 족속들이 허사를 경영하였는고
26 세상의 군왕들이 나서며 관리들이 함께 모여 주와 그의 그리스도를 대적하도다 하신 이로소이다
27 과연 헤롯과 본디오 빌라도는 이방인과 이스라엘 백성과 합세하여 하나님께서 기름 부으신 거룩한 종 예수를 거슬러
28 하나님의 권능과 뜻대로 이루려고 예정하신 그것을 행하려고 이 성에 모였나이다
29 주여 이제도 그들의 위협함을 굽어보시옵고 또 종들로 하여금 담대히 하나님의 말씀을 전하게 하여 주시오며

30 손을 내밀어 병을 낫게 하시옵고 표적과 기사가 거룩한 종 예수의 이름으로 이루어지게 하옵소서 하더라

감옥에서 기도회 모임으로

베드로와 요한이 감옥에서 풀려나서 제일 처음 한 일이 무엇인지 주의 깊게 보십시오: "사도들이 놓이매 그 동료에게 가서…" 문제가 생길 때는 "동료"들에게 가는 것이 좋습니다 — 같은 믿음의 동지들! 기도할 줄 아는 사람들과 같이 있는 것은 정말 좋은 일입니다.

나는 가끔 이 모임이 오늘날 어떤 그리스도인들의 모임과 같다면 그들이 처음 시작한 일은 위원회를 만들고 지도자들과 회담을 하고 여러 사람들이 같이 잘할 수 있도록 안을 짜 내었을 것이라고 생각합니다. 하여간에 이 지도자들도 종교적인 사람들이었습니다. 그들도 하나님을 믿었고 기도를 믿었습니다. 그들의 유일한 차이점은 예수를 메시아, 하나님의 아들이라고 믿지 않는 것이었습니다.

그러나 성경은 그들이 위원회를 조성하고 타협을 했다고 하지 않습니다. "한마음으로 하나님께 소리를 높여…" 그들은 연합된 기도의 능력을 알았던 것입니다.

나는 남침례교 가정에서 자랐습니다. 내가 어렸을 때에는 한번도 사람들이 소리 내어 함께 기도하는 것을 들어보지 못했습니다. 우리 교회에서는 한 사람이 대표하여 기도를 하곤 했습니다.

우리들은 교회에서 함께 통성으로 기도하지 않았습니다.

내가 순복음 교회들을 다니기 시작했을 때 그들이 모두 같이 통성으로 기도하는 것이 내게는 방해가 되었습니다. 나는 강단 앞으로 나가 같이 기도를 했지만 조용히 기도했습니다. 그들이 소리 내어 하는 기도가 나를 방해하곤 했습니다. 그러나 그들의 예배는 내 믿음에 자극을 주었습니다. 그러나 강단 앞에 나가 기도를 할 때 나는 맨 끝으로 가서 사람들로부터 떨어져서 그들의 소리가 내게 방해되지 않도록 기도하곤 했습니다.

한번은 용기를 내어 그것에 대해 말했습니다. 나는 그들에게 하나님은 귀가 어둡지 않다고 했습니다. 그들은 "하나님은 큰 기도 소리가 신경 쓰일 만큼 소심하고 겁이 많지도 않습니다"라고 대답했습니다.

나는 성경에서 이 문제의 답을 구하려고 찾기 시작했습니다. 나는 초기 교회 성도들이 어떻게 기도했는지 알고 싶었습니다.(우리는 그들이 말하던 새로운 탄생을 가르치고 있으니 기도도 그들을 따라하는 것이 옳다고 생각했습니다.)

내가 사도행전을 읽을 때 사람들이 모여서 기도한 모든 곳을 빨간 연필로 줄을 그었습니다. 나는 한 군데서도 한 사람이 대표로 기도했다는 것을 읽을 수가 없었습니다! 그리고 그들은 '한 문장씩 돌아가며 기도하기' 같은 것도 없었습니다. 성경은 그들이 목소리를 높였다고 말합니다. 그들은 한꺼번에 기도했고, 또 그들은 소리를 내서 기도했습니다.

이것을 읽고 난 다음 순복음 교회의 예배에 갔을 때 나는 기도하는 사람들의 가운데로 들어갔습니다. 나의 마음이 말씀으로 새로워졌고 나는 혼자서 조용히 기도할 때 받지 못했던 축복을 받았습니다. 나는 그 때 처음으로 연합된 기도의 축복을 알았습니다.

연합된 기도의 결과

사도행전 4장에 있는 믿는 자들의 연합된 기도는 어떤 결과를 가져왔나요? 그들의 연합된 기도가 응답되었습니까?
31절을 봅시다.

행 4:31
빌기를 다하매 모인 곳이 진동하더니 무리가 다 성령이 충만하여 담대히 하나님의 말씀을 전하니라

29절에서 우리들은 그들이 같이 기도한 것을 읽을 수 있습니다. "주여 이제도 그들의 위협함을 굽어보시옵고 또 종들로 하여금 담대히 하나님의 말씀을 전하게 하여 주시오며"
그들은 주님이 핍박하는 일을 없애 주도록 혹은 그들의 적을 쳐 달라고 기도하지 않았습니다. 그들은 주님께 그들의 길이 쉽게 해달라고 기도하지 않았습니다. 대신 그들은 그러한 핍박 중

에도 말씀을 담대히 전할 수 있도록 기도했습니다. 그리고 주님은 그들의 기도에 응답했습니다.

31절은 "빌기를 다하매 모인 곳이 진동하더니"라고 말합니다. 당신은 어떤 사람들이 기도하여 그 곳을 진동시키는 것을 오늘날 본 적이 있습니까? 만일 그리스도인들이 같이 모여 일심으로 기도하면 우리들은 예수님을 위하여 세상을 흔들어 놓을 수 있습니다. 연합된 기도에는 능력이 있습니다!

그리고 그들의 기도가 상세했던 것을 살펴보십시오. 그들은 그들의 기도에 있어서 분명했습니다. 그들은 그냥 일반적인 기도를 한 것이 아닙니다. 그들은 그들이 당면한 필요에 따라 기도했습니다. 그들은 한꺼번에 같이 기도했습니다. 그들이 하나님 앞에 목소리를 높여 열심히 기도할 때 모인 곳이 진동했습니다.

우리는 전 과에서 비슷한 사건을 공부했습니다. 바울과 실라가 빌립보에서 복음을 전파하다가 감옥에 갇히게 되었습니다.

일어난 일들에 대해 불평하는 대신 주님께 목소리를 높여 찬양의 노래를 했습니다. "한밤중에 바울과 실라가 기도하고 하나님을 찬송하매 죄수들이 듣더라" 행 16:25 그들도 소리 내어 기도했기 때문에 죄수들이 들었던 것입니다. 그들은 한쪽 구석에서 입속으로 중얼거리며 비참한 탄원을 드린 것이 아닙니다. 그들이 하나님을 찬양하는 것을 죄수들이 들었습니다.

어떤 사람들은 주님이 그들의 심령에 노래가 있는 것을 알기 때문에 조용히 기도한다고 말합니다. 그러나 만일 그것이 그 안

에 있다면 밖으로 나오게 되어 있습니다. "이는 마음에 가득한 것을 입으로 말함이라"마 12:34

하나님이 바울과 실라의 통성 기도를 응답하셨습니까? 사도행전 16장 26절은 말합니다. "이에 갑자기 큰 지진이 나서 옥터가 움직이고 문이 곧 다 열리며 모든 사람의 매인 것이 다 벗어진지라" 다시 한번 연합된 기도의 결과로 그곳이 진동했습니다.

바울과 실라가 힘을 합하여 하나님을 찬양하고 기도할 때 감옥의 기초가 흔들렸던 것입니다! 그들의 발에 차꼬가 풀렸고 그들은 자유하게 된 것입니다.

지진으로 잠이 깬 간수는 감옥 문이 열린 것을 보고 죄수들이 다 달아났다고 생각했습니다. 만일 그들이 도망가면 그의 책임이기 때문입니다. 그래서 너무 겁이 나서 자살을 하려고 했습니다. 그때 바울이 소리를 질렀습니다. "네 몸을 상하지 말라 우리가 다 여기 있노라"28절

간수는 그날 밤 초자연적인 것을 본 것을 알았습니다. 그는 바울과 실라가 보통 사람이 아니라는 것을 알았습니다. "간수가 등불을 달라고 하며 뛰어 들어가 무서워 떨며 바울과 실라 앞에 엎드리고 그들을 데리고 나가 이르되 선생들이여 내가 어떻게 하여야 구원을 받으리이까 하거늘 이르되 주 예수를 믿으라 그리하면 너와 네 집이 구원을 받으리라 하고"29-31절 그날 저녁 바울과 실라의 연합된 기도로 말미암아 간수와 그의 온 가족이 그리스도를 구세주로 영접하고 세례를 받았습니다.

연합된 기도에는 초자연적인 능력이 있습니다.

암송 구절 :
여자들과 예수의 어머니 마리아와 예수의 아우들과 더불어 마음을 같이하여 오로지 기도에 힘쓰더라(행 1:14)

배운 것을 행하십시오 :
너희는 말씀을 행하는 자가 되고 듣기만 하여 자신을 속이는 자가 되지 말라(약 1:22)

제 15 과

맡기는 기도

성경 구절 : 마 6:25-27; 빌 4:6

핵심 진리 : 역경의 바람이 불 때 우리는 하나님의 말씀이 가르치는 대로 할 수 있습니다. 우리는 초조해하고 걱정할 필요가 없습니다; 우리는 우리의 짐을 주님께 내려놓을 수 있습니다.

당신은 문제를 가지고 기도를 해도 결과를 얻지 못했을 때가 있습니까? 기도가 응답을 받지 못하는 경우 대부분은 하나님의 말씀을 따라 기도하지 않기 때문입니다.

종종 우리는 맡기는 기도를 해야 될 때가 있습니다. 베드로는 이런 종류의 기도에 대하여 말하고 있습니다.

"너희 염려를 다 주께 맡기라 이는 그가 너희를 돌보심이라" 벧전 5:7 나는 확대번역 성경의 번역이 가장 잘 조명되었고 분명하다고 생각합니다. 그것은 이렇게 말합니다. "당신의 모든 걱정을 던져라 – 모든 불안과 모든 걱정과 모든 근심을 한번에 모두

- 그에게 드리라; 그는 당신을 사랑으로 살피시기 때문이다, 그는 당신을 조심스럽게 살피시기 때문이다."

우리가 모든 근심을 주님께 기도로 드린다는 것은 얼마나 좋은 일인지요!

기도의 법칙에 따라 기도하기

만일 사람들이 이 맡기는 기도를 한다면 이것은 그들이 기도하는 것들을 덜어 줄 것입니다!

어떤 사람들의 기도는 하나님께서 걱정과 불안과 근심에 대하여 어떻게 하라고 지시한 대로 하지 않기 때문에 응답받지 못합니다.

또 다른 사람들은 하나님께서 그들의 모든 문제를 다 알고 이해하신다고 생각하는 것으로 만족한 듯합니다. - 그러나 그들은 아직도 그들의 문제에 매여 있습니다. 그러므로 그들의 기도는 응답받지 못합니다. 하나님께서 이해하고 관심을 가지시는 것을 아는 것만으로는 충분하지 못합니다. 우리가 문제에서 해방받기 위해서는 하나님께서 하라고 하신대로 행해야 합니다.

당신의 모든 근심과 불안과 걱정을 하나님께 드리십시오. 왜냐하면 하나님은 당신을 사랑하시기 때문입니다. 이것이 맡기는 기도입니다. - 던져 버리는 기도, 모든 짐과 걱정을 그 분께 밀어 버리는 기도.

성경에서 시편의 글들이 베드로가 말하는 것들을 더 분명하게 볼 수 있도록 도와줍니다. "네 길을 여호와께 맡기라 그를 의지하면 그가 이루시고"시 37:5 킹 제임스 번역의 주석에는 이렇게 써있습니다. "당신의 길을 주님께 굴려 버리십시오."

당신의 짐을 주님께 맡기십시오, 버리십시오, 혹은 굴려 버리십시오. 하나님은 당신에게서 그것을 빼앗지 않을 것입니다. 어떤 사람은 이렇게 말합니다. "주님께 내 짐을 좀 가볍게 해달라고 기도해 주세요." 하나님은 그렇게 하시지 않을 것입니다. 하나님은 당신의 짐을 가볍게 하시기를 원치 않으십니다; 하나님은 그 짐을 다 가져가시기를 원하십니다. 그러나 이럴 때 우리가 해야 할 중요한 일이 있습니다. 그것은 맡기는 기도입니다.

하나님은 그의 자녀가 걱정하는 것을 원하지 않습니다. 혹은 인생의 염려라는 짐을 지고 있는 것을 원하지 않으십니다. 그러나 여러분이 해야 할 일이 있습니다.

베드로전서 5장 7절이나 시편 37편 5절 같은 명령문에서 문장의 주어는 당신으로 되어 있습니다. 주님은 말씀하십니다. "너는 너의 모든 염려를 드려라. 너는 너의 길을 여호와께 맡겨라."

우리는 우리의 할 일을 해야 합니다. - 우리가 먼저 주님께 순종해야 주님이 우리를 도와주실 수 있습니다. 우리의 문제를 내려놓아야 주님이 가져갈 수 있습니다.

이것은 한번만 하는 기도입니다; 이것은 매일 하는 기도가 아닙니다. 우리가 우리의 근심을 그분께 정말로 드릴 때 그 근심들은 더 이상 우리에게 없는 것입니다. 우리는 그것을 없애 버렸습니다. 그것들은 우리 손에 없고 하나님의 손에 있습니다.

하나님이 우리를 위하여 할 수 있는 일들이 너무나 많지만 우리가 그분을 막고 있는 것입니다. 우리가 기도할 때 정직하고 진실하다 할지라도 우리가 기도에 관한 하나님의 규칙이나 법대로 기도하지 않기 때문에 우리 기도는 응답을 받을 수 없습니다. 우리는 하나님이 지시하신 대로 하지 않으면서 '왜 하나님이 우리를 위하여 이런 일들을 응답해 주시지 않는가?' 하고 이상하게 생각합니다.

어떤 때는 우리의 근심을 기도의 제단 앞에 가져옵니다. 우리는 그것에 대하여 기도하고 기도하고 또 기도합니다. 그리고 일어나서 돌아갈 때 제단에서 그 문제를 다시 들고 집으로 가지고 가는 것입니다!

그리고 어떤 사람들은 그들의 문제를 제거해 버리려고 하지 않습니다. 오, 그들은 주장합니다 — 어떤 때는 큰 소리로 — 정말 버리려고 한다고 말합니다. 그러나 사실은 그렇지 않습니다 — 진실로 원하지 않습니다 — 왜냐하면 그들이 그것들을 버린다면 더 이상 사람들한테 동정을 받을 수 없기 때문입니다. 그들에게는 정말 불평할 일이 없어질 테니까요. 그들은 대화할 일이 전혀 없어질 테니까요!

걱정의 무익성

마 6:25-27

25 그러므로 내가 너희에게 이르노니 목숨을 위하여 무엇을 먹을까 무엇을 마실까 몸을 위하여 무엇을 입을까 염려하지 말라 목숨이 음식보다 중하지 아니하며 몸이 의복보다 중하지 아니하냐
26 공중의 새를 보라 심지도 않고 거두지도 않고 창고에 모아 들이지도 아니하되 너희 하늘 아버지께서 기르시나니 너희는 이것들보다 귀하지 아니하냐
27 너희 중에 누가 염려함으로 그 키를 한 자라도 더할 수 있겠느냐

예수님은 이 구절에서 간단히 이야기 하고 계십니다. "너희 중에 누가 염려하고 걱정함으로 어떤 일이라도 변화시킬 수 있느냐" 우리는 염려가 흔들의자와 같다는 것을 알고 있습니다. 우리를 항상 바쁘게 만들지만 아무데도 가지 못하고 제자리에 머물게 합니다.

누가복음에서도 같은 가르침을 기록하고 있습니다. "또 제자들에게 이르시되 그러므로 내가 너희에게 이르노니 너희 목숨을 위하여 무엇을 먹을까 몸을 위하여 무엇을 입을까 염려하지 말라" 눅 12:22 이 구절을 다른 번역본에서는 "내일을 위하여 걱정하지 말라"라고 했습니다.

물론 우리는 내일을 위하여 계획하고 준비해야 합니다. 우리는 미래를 위하여 어떤 준비를 해야 합니다. 그러나 주님이 여기서 우리에게 말씀하시는 것은 우리가 내일을 향해 염려와 근심으로 채우는 것을 원하시지 않는다는 말입니다. 우리는 복음성가를 쓴 분과 같이 이렇게 말할 수 있습니다. "내일 일은 잘 몰라요. 그러나 누가 내손을 잡고 있는지 알아요." 그것이 우리에게 중요한 것입니다.

근심은 기도를 무효로 만듭니다

빌 4:6
아무 것도 염려하지 말고 다만 모든 일에 기도와 간구로 너희 구할 것을 감사함으로 하나님께 아뢰라

이 구절을 확대번역 성경으로 보면 도움이 될 것입니다. "초조하지 말라 … 어떤 것에 대하여도 염려하지 말라."

다시 이 명령문의 주어가 '너희'가 되는 것을 말씀드립니다. 주님이 "아무 것도 염려하지 말고"라고 말씀하실 때 주님은 "너희는 아무것도 염려하지 말라"라고 하십니다. 다른 말로 말하면 "너희는 초조하지 말고 아무것에도 염려하지 말라"라는 것입니다.

당신이 기도하고 있는 일에 대하여 초조하고 염려하고 있는 동

안에는 당신이 당신의 기도를 무효화하고 있는 것입니다. 주님께 맡기지 않고 아직도 당신이 갖고 있는 것입니다. 만일 아직도 당신이 그것을 갖고 있다면 물론 주님이 그것을 갖고 있지 않겠지요. 반대로 주님이 갖고 계시면 당신에겐 없는 것입니다.

당신이 당신의 문제에 대하여 아직 걱정하면서 밤에 잠도 못자고 깨어서 잠자리에서 뒤척거리며 해결책을 찾으려고 한다면 주님이 그것을 가지고 있는 것이 아닙니다. 당신이 그것을 생각할 때마다 당신 속이 울렁거리고 밥도 먹지 못하면서 걱정을 하고 있다면 하나님이 그것을 가지고 계신 것이 아닙니다. 당신이 가지고 있는 것입니다. 그리고 정말로 당신이 하는 기도는 응답 되지 않을 것입니다. 왜냐하면 당신은 하나님이 명령하시는 대로 하지 않았기 때문입니다. 하나님이 해주시겠다고 약속하셨습니다. 그러나 당신이 당신의 길을 하나님께 맡긴 후에야 하나님이 그것을 해줄 수 있다고 약속 하셨습니다.

우리가 우리의 짐을 주님께 드리면 우리가 그 짐을 더 이상 가지고 있지 않습니다. 예를 들어서 내가 지갑을 열어 5달러짜리 지폐를 꺼내 당신께 드렸습니다. 나는 더 이상 그 지폐를 가지고 있지 않습니다. 당신이 가지고 있습니다. 그때 만일 어떤 사람이 지나가다가 내일 주겠다고 1달러를 빌리자고 한다면 나는 이렇게 말할 수밖에 없습니다. "나는 1달러가 없습니다."

나는 12년간 목회를 했습니다. 그러는 동안 가끔 문제가 일어나곤 했습니다. 그럴 때면 나는 염려의 유혹을 받곤 했습니다. 내가 무엇 때문에 불안하다는 것을 알아차리면 나는 내 자신에게 이렇게 말을 하곤 했습니다. "이것 봐, 케네스! 너는 이것보단 잘 할 수 있지. 너는 지금 초조해하고 있어. 초초해하지 말자. 초조해해선 안돼."

종종 밤에 내가 자다가 깨면 마귀는 교회에 있는 어떤 상황에 대한 그림을 내 마음에 보여 주곤 했습니다. 나는 정말 염려하고 싶어지곤 했지만 염려하는 대신 나는 크게 웃으며 말했습니다. "나는 그런 문제를 가지고 있지 않아. 주님을 찬양합니다. 나는 걱정이 없는 사람이야. 나는 그런 문제를 갖고 있지 않아, 마귀야. 네가 내 마음에 그림을 보여 주는 건 자유지만 나는 문제가 없어. 그 문제는 주님이 가지고 계신다."

당신의 염려를 주님이 가지고 계실 때 그분이 그 문제를 해결하시는 것은 정말 놀랍습니다! 그러나 당신이 그 문제를 붙들고 있는 동안은 – 당신이 하나님을 위해서 그 문제를 해결하려고 하든지 하나님께서 그 문제를 해결하는 것을 당신이 도와주려고 한다면 – 하나님은 그 문제들을 가지고 계신 것이 아닙니다. 당신이 그 문제를 전부 가지고 있는 것입니다. 역경의 바람이 불 때 우리는 하나님의 말씀이 지시하는 대로 할 수 있습니다. 우리는 초조해하거나 걱정할 필요가 없습니다. 우리의 짐을 주님께 드릴 수 있습니다.

아직까지 당신이 그렇게 하지 않았다면 지금이 그 짐을 드리기에 가장 좋은 시간입니다. 그리고 오늘 저녁은 평화롭게 주무십시오. 만일 마귀가 그 그림을 당신 마음에 가져오려고 한다면 얼른 마음에서 지워버리고 이렇게 말하십시오. "마귀야, 나는 그 문제를 가지고 있지 않아, 나는 걱정이 없어, 나는 그것을 주님께 드렸고 주님이 가지고 계신다."

하나님은 당신이 자고 있는 동안 그 문제를 해결하실 것입니다. 하나님은 졸지도 주무시지도 않습니다.시 121:4 우리는 잠을 자야 하지만 하나님은 그렇지 않습니다. "여호와께서 그의 사랑하시는 자에게는 잠을 주시는도다"시 127:2 당신은 하나님이 사랑하시는 자입니다. 왜냐하면 하나님께서 사랑하는 주 예수 그리스도를 받아들였기 때문입니다.엡 1:6 그러므로 당신은 평화롭게 잘 수 있습니다.

당신이 정말로 성경을 믿고 하나님의 말씀을 실천한다면 우리는 정말로 걱정을 해서는 안 됩니다. 만일 우리가 정말로 예수님께서 "내 이름으로 무엇이든지 내게 구하면 내가 행하리라"요 14:14라고 말씀하신 것을 믿는다면 우리가 없는 동안 집이 다 불타버렸다 해도 걱정하거나 초조해하지 않을 것입니다. 우리는 오히려 이렇게 말할 것입니다. "하나님을 찬양합니다. 우리에게 더 좋은 집을 주실 것입니다."

하나님은 우리가 이런 태도를 가지기를 원하십니다. 오늘 당신의 심령에 하나님의 말씀을 실천하는 것을 목표로 삼으십시오. 믿음을 실천하십시오.

암송 구절 :

너희 염려를 다 주께 맡기라 이는 그가 너희를 돌보심이라 (벧전 5:7)

배운 것을 행하십시오 :

너희는 말씀을 행하는 자가 되고 듣기만 하여 자신을 속이는 자가 되지 말라(약 1:22)

제 16 과

예수님께서 기도에 대하여 하신 말씀(1부)

성경 구절 : 마 6:5-13

핵심 진리 : 주기도문은 우리에게 기도의 원리를 보여 줍니다.

예수님이 이 땅에 계실 때 기도에 대하여 많이 가르치셨습니다. 그 중에 가장 잘 알려진 기도에 대한 가르침은 우리가 항상 하는 '주기도문' 일 것입니다. 이 간단한 기도에서 예수님이 제자들에게 주신 기도의 형태를 볼 수 있습니다. 마태복음에서 이 기도문을 주시기 전에 있는 몇 구절은 이 주제를 분명하게 해주고 있습니다. 이 구절들은 사실상 기도의 전주곡이라 할 수 있습니다.

마 6:5-13

5 또 너희는 기도할 때에 외식하는 자와 같이 하지 말라 그들은 사람에게 보이려고 회당과 큰 거리 어귀에 서서 기도하기를 좋아하느니라 내가 진실로 너희에게 이르노니 그들은

자기 상을 이미 받았느니라

6 너는 기도할 때에 네 골방에 들어가 문을 닫고 은밀한 중에 계신 네 아버지께 기도하라 은밀한 중에 보시는 네 아버지께서 갚으시리라

7 또 기도할 때에 이방인과 같이 중언부언하지 말라 그들은 말을 많이 하여야 들으실 줄 생각하느니라

8 그러므로 그들을 본받지 말라 구하기 전에 너희에게 있어야 할 것을 하나님 너희 아버지께서 아시느니라

9 그러므로 너희는 이렇게 기도하라 하늘에 계신 우리 아버지여 이름이 거룩히 여김을 받으시오며

10 나라가 임하시오며 뜻이 하늘에서 이루어진 것 같이 땅에서도 이루어지이다

11 오늘 우리에게 일용할 양식을 주시옵고

12 우리가 우리에게 죄 지은 자를 사하여 준 것 같이 우리 죄를 사하여 주시옵고

13 우리를 시험에 들게 하지 마시옵고 다만 악에서 구하시옵소서 (나라와 권세와 영광이 아버지께 영원히 있사옵나이다 아멘)

개인 기도

예수님이 여기서 처음 말씀하신 것 중의 하나는 이것입니다. "너희는 기도할 때에 외식하는 자와 같이 하지 말라." 우리 중

누구도 특별히 기도하는 데 있어서 외식하는 자가 되기를 원하는 사람은 없습니다. 그리고 주님은 외식하는 자에 대하여 설명하십니다. "그들은 사람에게 보이려고 회당과 큰 거리 어귀에서 기도하기를 좋아하느니라."

그러나 이것이 우리가 하는 모든 기도가 다 개인 기도가 되어야 한다는 말은 아닙니다. 우리가 14과에서 초대 교회의 기도를 살펴보았을 때, 사도행전에서 함께 모여서 기도하는 것을 보았습니다.

예수님이 여기서 말씀하시는 것은 사람들에게 보이기 위해서 기도해선 안 된다는 말씀입니다. 어떤 사람들은 공중 기도를 하면서 정말 영적인 사람으로 보이려고 합니다; 사람들에게 그들이 정말 기도의 용사인 것 같이 보이려고 합니다. 사람들의 칭찬 받기만을 위해서 기도한 사람들은 이미 그들의 보상을 받은 것입니다. 그리고 그것이 다입니다. – 덧없이 사람들의 박수를 받은 것입니다.

예수님은 그 제자들에게 말씀하셨습니다. "너는 기도할 때에 네 골방에 들어가 문을 닫고 은밀한 중에 계신 네 아버지께 기도하라" 예수님은 개인 기도의 중요성을 강조하십니다.

공중 앞에서 기도하는 것은 교회 생활에 있어 중요하고 극히 필요한 것입니다. 가족으로서 같이 기도하는 것은 가정의 영적 힘을 위해서 꼭 필요하고 중요한 일입니다. 그러나 개인 기도는 개인의 영적 생활에 근본이 됩니다. 이럴 때 우리가 영적으로 크게 성장하게 됩니다.

우리는 위기가 있어야만 무릎을 꿇는 사람이 되어서는 안 됩니다. 우리는 하나님과 교제하기 위하여 시간을 내어 매일 매일 기도함으로 어려운 때를 위해 영적으로 준비가 되어 있어야 합니다.

반복적인 기도

예수님은 계속하여 말씀하십니다. "기도할 때에 이방인과 같이 중언부언하지 말라 그들은 말을 많이 하여야 들으실 줄 생각하느니라." 예수님은 두 가지를 책망하셨습니다: (1) 우리가 기도할 때 외식하는 자와 같이 하지 말라, (2) 이방인과 같이 기도하지 말라.

예수님께서는 이방인들은 말을 반복적으로 해야 그들의 신이 듣는다는 생각을 가지고 있다고 말씀하셨습니다. 슬프게도 이런 이방인의 생각이 그리스도인의 생각에도 스며들어 왔습니다!

많은 사람들이 말을 많이 해야 응답된다고 생각합니다 — 하나님 앞에서 그들의 길고 반복된 부르짖음 — 그들은 같은 말과 구절들을 반복합니다 — 계속하여 반복하므로 하나님이 응답하신다고 생각합니다. 그러나 이것이 예수님이 책망하신 것입니다. 예수님은 이렇게 말씀하셨습니다, "이방인과 같이 중언부언하지 말라."

그리고 그분은 이렇게 말씀하셨습니다. "구하기 전에 너희에게 있어야 할 것을 하나님 너희 아버지께서 아시느니라." 하나님은 우리가 구하기 전에 있어야 할 것들을 아십니다. 그러나 하나님은 마태복음 다음 장에서 볼 수 있는 것과 같이 우리가 먼저 구하시기를 원하십니다. 하나님은 "구하라 그리하면 너희에게 주실 것이요"마 7:7라고 말씀하십니다.

우리가 기도를 자꾸 반복한다고 하나님이 들으시는 것이 아닙니다. 어떤 사람들은 그들이 기도를 크게 하고 오래만 하면 결국은 하나님으로 하여금 들으실 수 있게 한다고 생각하는 것 같습니다. 당신이 기도를 크게 하든 조용히 기도하든 그것은 하나님께서 기도를 들으시는 것과 상관이 없습니다. 우리가 지난 과에서 보았듯이 하나님은 믿음의 기도를 들으십니다. 하나님은 당신이 기도할 때 믿기 때문에 그리고 하나님의 말씀대로 기도하므로 들으시는 것입니다.

기도의 기본 원칙들

예수님은 마태복음의 다음 몇 구절에서 그 제자들에게 기도의 기본 요소들에 대하여 가르치십니다. 일반적으로 주기도문이라 불리지만 이것은 오히려 제자들의 기도라는 게 더 정확할 것입니다. 혹은 예수님이 아직 이 땅에 계시는 동안 주신 기도의 모범이라고 할 수 있습니다.

시대적으로 말할 때 이것은 오늘날 교회의 기도는 아닙니다. 왜냐하면 제자들은 예수 이름으로 아무 것도 구하지 않았습니다. 교회가 기도할 때 우리는 예수 이름으로 기도합니다.(그러나 여기서 우리는 기도에 관한 몇 가지 진리를 알 수 있습니다.)

예수님은 제자들에게 이 기도를 외워서 꼭 그 말대로 하라는 것은 아니었습니다. 예수님은 기도에 관하여 오늘날 교회에서 사용할 수 있는 어떤 원칙들을 주신 것입니다.

찬양의 원칙

이 기도는 이런 말로 시작합니다. "하늘에 계신 우리 아버지여." 구원 받지 못한 사람도 시나 노래를 외워서 하듯이 이 기도를 할 수 있습니다. 그러나 정말 그 심령으로 이 기도를 하려면 – 하나님과 친교를 정말 가지려면 – 그는 하나님의 자녀라야 합니다. 그렇지 않으면 그는 진실로 "하늘에 계신 우리 아버지여"라고 기도할 수 없습니다.

우리는 요즘 '하나님의 아버지 되심과 모든 사람의 형제 됨'에 대해 자주 듣습니다. 사람들이 우리가 모두 하나님의 자녀라고 믿게 하려 합니다; 그리고 하나님은 우리 모두의 아버지라고 합니다. 하나님이 우리 모두를 창조하신 것은 확실합니다. 그리고 우리는 모두 그의 피조물입니다. 그러나 그분이 우리 모두의 아버지는 아닙니다. 하나님은 거듭난 사람들만의 아버지이고 거듭난 사람들만이 하나님의 가족입니다.

예수님이 이 땅에서 사역을 하시는 동안 그는 아주 종교적인 바리새인들에게 이렇게 말한 적이 있습니다.

"너희는 너희 아비 마귀에게서 났으니…"요 8:44 바리새인들은 행위에 있어서는 아주 모범적인 사람들이었습니다. 그러나 예수님은 "너희는 너희 아비 마귀에게서 났으니…"라고 말씀하셨습니다!

예수님이 여기서 말씀하시는 것은 하나님께 올바로 나아가는 태도는 하나님께서 우리 아버지이므로 나와서 찬송과 경배를 드리라는 것입니다. "하늘에 계신 우리 아버지여 이름이 거룩히 여김을 받으시오며."9절 하나님은 우리 아버지시니 우리는 찬양과 경배로 그분의 임재 안으로 먼저 나아와야 합니다.

하나님을 우선으로 하는 원칙

이 모범 기도는 다음 절에서 이렇게 기도합니다. "나라가 임하시오며 뜻이 하늘에서 이루어진 것 같이 땅에서도 이루어지이다." 여기서 알 수 있는 원칙은 하나님의 나라를 우선하는 것입니다.

이 장에서 예수님은 이러한 원칙을 다시 말씀하십니다. "너희는 먼저 그의 나라와 그의 의를 구하라 그리하면 이 모든 것을 너희에게 더하시리라"33절 우리가 하나님을 우선으로 놓는다면 우리에게는 물질적인 근심이 필요 없습니다. 왜냐하면 이 모든 것을 너희에게 더하시리라고 했기 때문입니다.

우리는 구두밑창이 다 닳고 고지서들이 날아오고 낡을 차를 운전하며 살지 않아도 됩니다. 만일 하나님께서 우리들의 삶에 우선이 되신다면 이 모든 것이 더하여질 것입니다.

당신은 이 기도가 모든 것을 다 포함하고 있다는 생각을 해 본

적이 있습니까? 예수님은 "나라가 임하시오며 뜻이 하늘에서 이루어진 것 같이 땅에서도 이루어지이다"라고 기도하셨습니다. 당신은 천국에 아픈 사람이 있다고 생각하십니까? 아닙니다. 그러므로 이 땅에 아픈 사람이 있는 것은 하나님의 뜻이 아닙니다.

하나님은 우리 삶에 축복의 비를 내리시기 원하십니다. 하나님은 이 땅에 우리의 삶이 하늘에서와 같이 하나님의 뜻 가운데 있기를 원하십니다. 하나님은 우리가 풍성한 삶을 살기 원합니다. 예수님은 "내가 온 것은 양으로 생명을 얻게 하고 더 풍성히 얻게 하려는 것이라"요 10:10라고 말씀하셨습니다.

매일 하는 기도의 원칙

예수님은 이 기도의 다음 구절에서 매일 같이 우리의 모든 필요를 하나님께 구하는 기도의 중요성에 대하여 가르칩니다. "오늘 우리에게 일용할 양식을 주시옵고"마 6:11라고 기도하라고 하셨습니다. 하나님이 우리의 필요를 다 아시지만 그러나 우리가 구하기를 하나님은 원하십니다!

용서의 원칙

예수님은 이 땅에 계신 동안 용서에 대하여 많이 가르쳐 주셨습니다. 그리고 그분은 용서를 기도의 기본적 요소 중의 하나로 넣으신 것입니다. "우리가 우리에게 죄 지은 자를 사하여 준 것 같이 우리 죄를 사하여 주시옵고"12절 그리고 14절과 15절에서 이렇게 말씀하십니다. "너희가 사람의 잘못을 용서하면 너희 하늘 아버지께서도 너희 잘못을 용서하시려니와 너희가 사람의 잘못을 용서하지 아니하면 너희 아버지께서도 너희 잘못을 용서하지 아니하시리라."

기도는 용서하지 않는 심령으로는 응답 받지 못합니다. 우리는 절대로 누구에게 악의를 품고 기도생활을 계속하면서 기도 응답을 받을 수 없습니다.

다른 사람에 대한 괴로운 마음을 오래 가지고 있기 때문에 정신적 혼란이나 감정적 좌절을 가져온 예는 많이 있습니다. 의사들은 사람들이 그 마음에 악의를 오래 품고 있으면 병에 더 잘 걸린다는 것을 발견했습니다. 그래서 의사들이 그런 사람들의 마음 속에 있는 악의를 없애버리면 다른 의료적인 치료법으로는 아무런 효과가 없었더라도 대개는 병이 낫습니다. 오늘날 의료 과학계에서는 우리의 내면적 감정이 육신적인 건강과 밀접하게 관련돼 있다는 것을 발견하고 있습니다.

나는 주님과 가깝게 살고 있지 않은 그리스도인들이 어떤 사람들로부터 자기가 잘못 대우받은 것에 대하여 말하는 것을 들은 적이 있습니다. 그들은 이렇게 말합니다. "그럼요 저는 그들을 용서했지요. 그렇지만 그들이 나한테 어떻게 한 것을 잊을 수는 없어요!" 그 사람들은 용서한 것이 아닙니다! 아직도 그들의 심령 속에 악의가 숨어 있습니다.

유혹에서 구원받는 원칙

"우리를 시험에 들게 하지 마시옵고 다만 악에서 구하시옵소서."13절 유혹이라는 말은 시험이나 시련이라는 말입니다. 합당한 기도생활로 하나님과 교제하는 하나님의 자녀들은 많은 시험과 시련들을 미리 극복할 수 있습니다. 그리고 우리는 결론을 맺게 됩니다. "나라와 권세와 영광이 아버지께 영원히 있사옵나이다, 아멘"13절 찬양으로 시작하는 기도는 찬양으로 끝을 냅니다.

암송 구절 :
그런즉 너희는 먼저 그의 나라와 그의 의를 구하라 그리하면 이 모든 것을 너희에게 더하시리라(마 6:33)

배운 것을 행하십시오 :
너희는 말씀을 행하는 자가 되고 듣기만 하여 자신을 속이는 자가 되지 말라(약 1:22)

제 17 과

예수님께서 기도에 대하여 하신 말씀(2부)

성경 구절 : 마 7:7-11; 눅 11:5-13

핵심 진리 : 우리가 자녀들을 사랑하고 그들에게 좋은 것으로 주기를 원하는 것같이 하나님도 우리를 사랑하시고 우리에게 좋을 것으로 주시기를 원하십니다.

일반적으로 주기도문이라고 불리는 예수님께서 제자들에게 주신 모범 기도마 6:9-13는 이렇게 시작합니다. "하늘에 계신 우리 아버지여…"

마태복음의 다음 장에서 예수님은 계속하여 기도에 대하여 가르치십니다. 예수님은 다른 예를 들어서 이 세상의 아버지와 아들과의 관계가 어떻게 하늘에 계신 아버지와 믿는 자와의 관계와 같은지를 예를 들어 설명하고 있습니다.

마 7:7-11

7 구하라 그리하면 너희에게 주실 것이요 찾으라 그리하면 찾아낼 것이요 문을 두드리라 그리하면 너희에게 열릴 것이니
8 구하는 이마다 받을 것이요 찾는 이는 찾아낼 것이요 두드리는 이에게는 열릴 것이니라
9 너희 중에 누가 아들이 떡을 달라 하는데 돌을 주며
10 생선을 달라 하는데 뱀을 줄 사람이 있겠느냐
11 너희가 악한 자라도 좋은 것으로 자식에게 줄 줄 알거든 하물며 하늘에 계신 너희 아버지께서 구하는 자에게 좋은 것으로 주시지 않겠느냐

하나님을 아버지로 아는 것

여기서 우리는 유대인들이 예수님을 이해 할 수 없었던 한 가지 이유를 알 수 있습니다. 만일 예수님이 옛날의 예언자들같이 그들에게 심판을 선포하며 멀고 접근하기 어려운 하나님을 그들에게 전했다면 예수님을 더 잘 이해할 수 있었을 것입니다. 그것은 그들이 가진 아주 익숙한 하나님의 모습이었습니다.

강림하신 하나님께서 산에서 모세와 말씀하실 때 불과 천둥과 번개들이 있었습니다. 어떤 사람이 그 산에 오른다면 순간적으로 죽었습니다. 하나님의 임재가 지성소에 들어오셨을 때도 갑자기 죽는 것이 무서워 아무도 감히 거기 들어가지 못했습니다. 유대

인들은 높고 거룩하신 – 아주 엄하게 심판으로 다루시는 – 하나님을 잘 압니다. 그리고 그들은 하나님을 무서워했습니다.

그러나 예수님은 사랑의 메시지를 가지고 오셨습니다. 그는 하나님을 아버지라고 소개했습니다. 그는 그들이 하나님을 아버지로 접근할 수 있다고 했습니다. 그러나 유대인들은 그런 하나님을 이해할 수 없었습니다.

오늘날도 우리는 그와 같은 것을 봅니다. 많은 사람들에게 기독교란 그저 멀리 있는 하나님에 대한 종교일 뿐입니다. 그들은 정말 하나님을 모릅니다. 그들은 예수님을 통하여 하나님께 나아가 개인적으로 하나님을 아버지로 알려고 하지 않습니다; 그래서 그들은 하나님께 잘못된 방법으로 다가가려고 합니다.

그러나 하나님께 감사한 것은 하나님은 우리의 아버지이십니다. 그리고 우리는 그의 자녀이므로 그분께 나아갈 수 있습니다.

구하라, 찾으라, 두드리라 … 믿으라

그들이 사용하든지 안 하든지 대부분의 그리스도인들은 이러한 말씀이 성경에 있다는 것을 압니다. "구하라 그리하면 너희에게 주실 것이요 찾으라 그리하면 찾아낼 것이요 문을 두드리라 그리하면 너희에게 열릴 것이니"마 7:7

그러나 우리는 너무 자주 우리가 구하는 것을 받지 못합니다; 우리가 찾는 것을 찾지 못합니다; 우리가 두드리는 문은 열리지 않습니다. 왜 그럴까요? 우리가 무엇인가를 잘못하고 있는 것이 분명합니다. 왜냐하면 다음 구절이 이렇게 약속하고 있기 때문입니다. "구하는 이마다 받을 것이요 찾는 이는 찾아낼 것이요 두드리는 이에게는 열릴 것이니라." 그러면 우리의 실패의 원인은 무엇일까요?

나는 성지에서 32년을 보낸 선교사가 쓴 책을 읽어 본 적이 있습니다. 이것은 20세기 초였습니다. 그래서 많은 것이 변화되지 않고 옛날과 다름이 없었습니다.

그의 책에서 이 선교사는 마태복음 7장 말씀에 대하여 이렇게 말했습니다. "많은 그리스도인들이 그렇듯이 나는 예수님이 '구하라 그리하면 너희에게 주실 것이요 찾으라 그리하면 찾을 것이요 문을 두드리라 그리하면 너희에게 열릴 것이니' 라고 말씀하신 것이 우리가 구하고 만일 얻지 못하면 계속 구하라는 뜻인 줄 알았습니다. 그러나 성지에서 오래 살고 나서 그들 동양인의 의식에 익숙해 진 후에 그것이 예수님께서 말하신 뜻이 아닌 것을 깨닫게 되었습니다.

그 당시는 만일 어떤 사람이 바깥문에 와서 문을 두드리고 들어오려고 하면 부자인 사람들은 종을 보내어 온 사람의 이름을 물어보게 합니다. 그들이 아는 사람이면 곧 들어 갈 수 있습니다. 그러나 만일 아는 사람이 아니면 하인은 주인에게로 가서 그 손님을 들어오게 할 것인지 물어 봅니다. '두드리는 자에게 열릴 것이라.' 여기서 의미하는 것은 우리들이 문을 두드릴 때, 만일 여러분이 주인의 아는 사람이면 즉시 들어갈 수 있다는 것입니다."

만일 우리가 구할 때 얻지 못하고, 찾아도 찾지 못하고, 문을 두

드려도 열리지 않는다면 우리는 그 집 주인과 아는 사이인지를 다시 살펴보아야 합니다. 만일 아는 사이가 아니라면 우리는 곧 예수 그리스도를 우리 주님으로, 개별적인 구세주로 친밀하게 알아야만 합니다. 우리는 그분을 우리의 삶의 주님으로 모셔야 하는 것입니다. 그렇게 한 후 다음 단계는 믿음입니다. "믿음이 없이는 하나님을 기쁘시게 하지 못하나니 하나님께 나아가는 자는 반드시 그가 계신 것과 또한 그가 자기를 찾는 자들에게 상 주시는 이심을 믿어야 할지니라"히 11:6 예수님이 마태복음 7장 11절에서 설명하신 것과 같이 하늘에 계신 아버지께서는 그의 자녀들에게 좋은 선물을 주시기를 기뻐하십니다: "너희가 악한 자라도 좋은 것으로 자식에게 줄줄 알거든 하물며 하늘에 계신 너희 아버지께서 구하는 자에게 좋은 것으로 주시지 않겠느냐"11절

이 땅에 어떤 아버지가 그의 자식이 가난하고 억압된 삶, 병들고 고생하는 삶을 살아가기를 원하겠습니까? 하물며 우리는 수고하고 희생하면서도 우리들이 가지지 못했던 기회들을 자식들에게 주려고 합니다. 그러므로 육신적인 인간인 우리가 우리 자식을 위하여 좋은 것을 주기 원하는데 "하물며 하늘에 계신 너희 아버지께서 구하는 자에게 좋은 것으로 주시지 않겠습니까?"

하물며 좋은 것으로(How much more : 얼마나 더 좋은 것으로)라는 말은 내 영에 전율이 오게 합니다. 우리가 우리 자식이 행복하기를 원한다면 하나님은 우리들을 위해 얼마나 더 좋은 것을 주시기를 원하시겠습니까! 우리가 우리 자식이 건강하기를 원

한다면 얼마나 더 하나님은 우리가 건강하기를 원하실까요? 우리가 우리 자식이 물질적으로 축복받기를 원한다면 하나님은 얼마나 더 우리가 축복받기를 원하실까요?

누가는 이 이야기를 좀 더 자세히 기록하고 있습니다.

눅 11:5-13

5 또 이르시되 너희 중에 누가 벗이 있는데 밤중에 그에게 가서 말하기를 벗이여 떡 세 덩이를 내게 꾸어 달라
6 내 벗이 여행중에 내게 왔으나 내가 먹일 것이 없노라 하면
7 그가 안에서 대답하여 이르되 나를 괴롭게 하지 말라 문이 이미 닫혔고 아이들이 나와 함께 침실에 누웠으니 일어나 네게 줄 수가 없노라 하겠느냐
8 내가 너희에게 말하노니 비록 벗됨으로 인하여서는 일어나서 주지 아니할지라도 그 간청함을 인하여 일어나 그 요구대로 주리라
9 내가 또 너희에게 이르노니 구하라 그러면 너희에게 주실 것이요 찾으라 그러면 찾아낼 것이요 문을 두드리라 그러면 너희에게 열릴 것이니
10 구하는 이마다 받을 것이요 찾는 이는 찾아낼 것이요 두드리는 이에게는 열릴 것이니라
11 너희 중에 아버지 된 자로서 누가 아들이 생선을 달라 하는데 생선 대신에 뱀을 주며

12 알을 달라 하는데 전갈을 주겠느냐

13 너희가 악할지라도 좋은 것을 자식에게 줄 줄 알거든 하물며 너희 하늘 아버지께서 구하는 자에게 성령을 주시지 않겠느냐 하시니라

끈질김의 기도

많은 사람들은 여기에 언급한 끈질긴 기도를 예수님께서 우리가 기도에 응답을 받기 위해서는 계속하여 구하라고 하신 것으로 잘못 생각하고 있습니다.

이 예화에서 우리는 어떤 사람에게 밤에 손님이 온 것을 보게 됩니다. 그에게 남겨 놓은 빵이 없었습니다. 그래서 그는 이웃집에 가서 빵을 빌리게 됩니다. 이웃이 이렇게 대답합니다. "나는 벌써 침소에 들었으니 나를 귀찮게 하지 마시오." 그러나 그 사람이 간절하게 구할 때 그 사람은 그 요구를 들어 줍니다.

예수님이 이 예화에서 그 이웃이 일어나 빵을 준 것은 친구이기 때문이 아니라 그의 끈질김으로 인하여 빵을 주었다는 것입니다. 예수님은 하늘에 계신 아버지께서 우리의 기도를 들으시고 우리의 요구를 이 예화에 나온 사람보다 얼마나 더 잘 들어주시겠냐고 말씀하고 계십니다.

우리가 응답받는 것은 불신앙의 끈질김이 아니라 믿음의 끈질김입니다. 우리는 하나님께 우리가 원하는 것을 끈질기게 애걸할

수 있습니다. 그러나 우리의 끈질김이 불신앙의 끈질김이라면 우리는 결코 응답을 받을 수 없습니다.

응답받게 하는 것은 믿음의 끈질김입니다. "구하라 그리하면 너희에게 주실 것이요 찾으라 그리하면 찾을 것이요 문을 두드리라 그리하면 너희에게 열릴 것이니"

앤드류 머레이Andrew Murray는 끈질긴 기도라는 주제에 대하여 깊은 통찰력이 있었습니다. 그는 주님께 무엇을 계속하여 구하는 것은 좋은 취미가 아니라고 말했습니다. 그는 만일 당신이 구한 것이 실제화 되지 않았다면 처음에 구한 것과 같은 방법으로는 다시 구하지 말라고 했습니다. 그렇게 하면 처음부터 하나님을 믿지 않았다는 고백이 됩니다.

그냥 하나님께 당신이 구한 것을 상기시키십시오. 그분이 어떻게 약속하셨는지를 다시 상기시키십시오. 그리고 당신이 응답을 기대하고 있다는 것을 상기시키십시오. 그리고 이렇게 끈질긴 것이 믿음의 끈질긴 것이 되게 하십시오. 그러면 응답이 옵니다.

누가의 이야기는 마태의 이야기보다 더 자세합니다. 13절에서 누가는 더 기록하고 있습니다. 마태는 이렇게 기록했습니다. "너희가 악한 자라도 좋은 것으로 자식에게 줄 줄 알거든 하물며 하늘에 계신 너희 아버지께서 구하는 자에게 좋은 것으로 주시지 않겠느냐."

누가는 이것을 더 확대하여 이렇게 말했습니다. "너희가 악할지라도 좋은 것을 자식에게 줄 줄 알거든 하물며 너희 하늘 아버지께서 구하는 자에게 성령을 주시지 않겠느냐 하시니라"(비록 마태는 성령을 이 구절에서 분명히 말하지 않았지만 우리는 '성령'이 좋은 것임을 잘 알고 있습니다.)

나는 성령님께서 마태와 누가에게 각기 다르게 기록하도록 영감을 주신 것은 목적이 있다고 확신합니다. 성령님은 마태에게 영감을 주어 그가 우리에게 인생의 좋은 것을 주신다는 점을 강조하도록 했습니다. 그는 우리들이 자식을 사랑하고 인생에서 좋은 것을 주려고 하는 것과 같이 하나님도 우리를 사랑하신다는 것을 우리들에게 알리기를 원했습니다. 성령님은 누가에게 영감을 주어 하나님이 우리를 위하여 준비하신 영적인 것을 강조했습니다.

믿음으로 구하고, 찾고, 문을 두드림으로 우리는 하나님이 우리를 위해 준비하신 풍성한 축복을 누릴 수 있습니다.

암송 구절 :
구하라 그리하면 너희에게 주실 것이요 찾으라 그리하면 찾아낼 것이요 문을 두드리라 그리하면 너희에게 열릴 것이니 (마 7:7)

배운 것을 행하십시오 :
너희는 말씀을 행하는 자가 되고 듣기만 하여 자신을 속이는 자가 되지 말라(약 1:22)

제 18 과

예수님께서 기도에 대하여 하신 말씀(3부)

성경 구절 : 마 21:18-22; 막 11:12-14; 20-24; 요 15:7, 8
핵심 진리 : 하나님의 말씀이 거하는 곳에 믿음도 있습니다.

마태복음 21장에서 예수님이 기도에 대해 가르친 다른 구절을 찾아볼 수 있습니다. 그는 여기서 실제적으로 믿음과 기도에 대하여 말씀하고 있습니다. 기도에 대해 언급하면서 믿음에 대해서 이야기하지 않을 수 없고 믿음에 대해서 말하면서 기도를 언급하지 않을 수 없습니다. 그 둘은 같이 가는 것입니다.

기도하라, 믿으라, 받으라

마 21:18-22
18 이른 아침에 성으로 들어오실 때에 시장하신지라
19 길 가에서 한 무화과나무를 보시고 그리로 가사 잎사귀

밖에 아무 것도 찾지 못하시고 나무에게 이르시되 이제부터 영원토록 네가 열매를 맺지 못하리라 하시니 무화과나무가 곧 마른지라
20 제자들이 보고 이상히 여겨 이르되 무화과나무가 어찌하여 곧 말랐나이까
21 예수께서 대답하여 이르시되 내가 진실로 너희에게 이르노니 만일 너희가 믿음이 있고 의심하지 아니하면 이 무화과나무에게 된 이런 일만 할 뿐 아니라 이 산더러 들려 바다에 던져지라 하여도 될 것이요
22 너희가 기도할 때에 무엇이든지 믿고 구하는 것은 다 받으리라 하시니라

위와 같은 사건을 마가복음에서 찾아봅시다. 마가복음에서는 유일하게 기도에 대해서 언급한 곳입니다. 그러나 마가는 같은 시간에 많은 공을 들여 썼습니다. 마태는 5절로 이야기를 하는 데 비해 마가는 같은 이야기를 거의 두 배의 성경 구절로 이야기하고 있습니다.

막 11:12-14, 20-24
12 이튿날 그들이 베다니에서 나왔을 때에 예수께서 시장하신지라
13 멀리서 잎사귀 있는 한 무화과나무를 보시고 혹 그 나무에

무엇이 있을까 하여 가셨더니 가서 보신즉 잎사귀 외에 아무 것도 없더라 이는 무화과의 때가 아님이라
14 예수께서 나무에게 말씀하여 이르시되 이제부터 영원토록 사람이 네게서 열매를 따 먹지 못하리라 하시니 제자들이 이를 듣더라
20 그들이 아침에 지나갈 때에 무화과나무가 뿌리째 마른 것을 보고
21 베드로가 생각이 나서 여짜오되 랍비여 보소서 저주하신 무화과나무가 말랐나이다
22 예수께서 그들에게 대답하여 이르시되 하나님을 믿으라
23 내가 진실로 너희에게 이르노니 누구든지 이 산더러 들리어 바다에 던져지라 하며 그 말하는 것이 이루어질 줄 믿고 마음에 의심하지 아니하면 그대로 되리라
24 그러므로 내가 너희에게 말하노니 무엇이든지 기도하고 구하는 것은 받은 줄로 믿으라 그리하면 너희에게 그대로 되리라

성경을 공부하는 데 있어서 예수님의 삶에서 같은 사건을 다른 복음서에서는 어떻게 다루었는가를 비교해 보는 것은 참 좋습니다. 이런 방법으로 우리는 다른 관점을 배울 수 있습니다.(한 저자가 언급하지 않은 일을 다른 저자는 더 자세하게 썼을 수도 있습니다.)
위의 이야기에서 마태는 예수님이 "너희가 기도할 때에 무엇이

든지 믿고 구하는 것은 다 받으리라"22절라고 말했다고 썼습니다. 두 저자는 다 같이 믿음의 기본적인 공식을 언급합니다: 기도, 믿음, 그리고 받는 일.

어떤 사람이 물었습니다. "그러나 만일 못 받으면 어떻게 합니까?"

그렇다면 당신은 믿음으로 기도한 것이 아닙니다. 성경은 우리가 기도하고 믿으면 응답을 받는다고 했습니다.

"그렇지요. 그러나 그것은 하나님의 뜻이 아닐 수도 있지요"라고 사람들이 대답합니다.

성경은 그런 것에 대해 언급하고 있지 않습니다. 우리는 이것을 불신앙적인 변명으로 쓰기에 급급합니다. 예수님은 우리가 기도할 때 구한 것을 받은 줄로 믿으면 받는다고 하셨습니다!

"그러면 어떤 사람이 천만 개나 되는 유전을 구한다면요?" 어떤 사람이 이렇게 물을 수도 있습니다.

만일 여러분이 천만 개의 유전에 대한 믿음이 있다면 받을 것입니다. 그러나 누가 그것을 믿을 수 있을지 모르겠군요. 나한테 그런 일에 동의하여 기도하자고 하지는 마십시오. 왜냐하면 나는 그렇게 동의할 수 없을 것 같습니다. 그러나 당신이 천만 개의 유전을 받을 것을 믿을 수 있다면 당신은 받을 것입니다. 나는 가끔 믿기 어려운 것을 믿어서 받은 적도 있습니다. 예수님이 말씀하셨으면 나는 믿습니다. "무엇이든지 기도하고 구하는 것은 받은 줄로 믿으라 그리하면 너희에게 그대로 되리라"

믿음의 말씀

요한의 기록에는 예수님이 기도에 대하여 말씀하신 '믿음' 혹은 '믿는 것' 이라는 단어가 한 번도 나오지 않습니다. 우리가 한번 그 예를 보십시다.

요 15:7,8
7 너희가 내 안에 거하고 내 말이 너희 안에 거하면 무엇이든지 원하는 대로 구하라 그리하면 이루리라
8 너희가 열매를 많이 맺으면 내 아버지께서 영광을 받으실 것이요 너희는 내 제자가 되리라

왜 기도에 대한 이 성경 구절에서 '믿음' 혹은 '믿는다' 라고 하는 말을 많이 사용할 필요가 없었을까요? 그것은 하나님의 말씀이 우리 안에 거하면 믿음에는 아무 문제가 없기 때문입니다. 말씀이 우리 안에 거하지 않으면 믿음은 없습니다. 왜냐하면 믿음이 거하지 않으면 다른 것이 그 안에 있기 때문입니다. 만일 말씀이 당신 안에 거하면 믿음이 당신 안에 살고 있습니다. "그러므로 믿음은 들음에서 나며 들음은 그리스도의 말씀으로 말미암았느니라" 롬 10:17 사람은 하나님의 말씀을 믿기 위하여 지적인 동의를 할 수 있습니다. 그는 일어나서 주먹을 흔들며 성경이 모든 영감으로 쓰여진 것을 믿고 성경 첫 장부터 끝장-창세기부터 계시

록—까지 다 믿는다고 열정적으로 말할 수 있습니다. 그러나 그 안에는 말씀이 거하지 않을 수도 있습니다.

예수님이 "너희가 내안에 거하면"이라고만 말씀하지 않은 것을 주의하십시오. 만일 예수님께서 이것으로 중지하였다면 우리 거듭난 그리스도인은 자동적으로 기도를 응답받을 수 있을 것입니다. 왜냐하면 새로운 탄생으로 우리는 그리스도 안에 거하기 때문입니다. 그러나 성경은 "그리고 내 말이 너희 안에 거하면…"이라고 계속 말합니다. 하나님의 말씀은 믿음의 말씀입니다. "그러면 무엇을 말하느냐 말씀이 네게 가까워 네 입에 있으며 네 마음에 있다 하였으니 곧 우리가 전파하는 믿음의 말씀이라"롬 10:8 만일 이렇게 말씀이 우리 안에 거하면 우리의 심령에 믿음이 솟아나게 됩니다.

말씀의 빛

옛날 시편 기자는 "주의 말씀을 열면 빛이 비치어 우둔한 사람들을 깨닫게 하나이다"시 119:130라고 말했습니다. 우리가 말씀을 알 때 우리는 어둠 속에서 기도하는 것이 아닙니다. 우리에게는 빛이 있습니다.

다시 시편 기자는 "주의 말씀은 내 발에 등이요 내 길에 빛이니이다"시 119:105라고 말합니다. 우리는 어둠 속을 걷고 있는 것이 아닙니다. 우리가 말씀을 가지고 있을 때 우리의 길엔 빛이 비추는 것입니다!

우리의 길에 빛이 비친다면 우리는 그 빛 속에 걸어갈 수 있습니다. "그가 빛 가운데 계신 것 같이 우리도 빛 가운데 행하면 우리가 서로 사귐이 있고…"요일 1:7 이것은 결코 빛 가운데 서 있는 것에 대하여 말하고 있지 않습니다. '행하면' 이라고 했습니다. 하나님의 말씀은 우리가 행하는 길에 빛이 되십니다.

시편 기자는 또 이렇게 기도했습니다. "주의 말씀대로 나를 살아나게 하소서"시 119:25 예수님은 "내 말이 너희 안에 거하면…"이라고 말씀하십니다. 예수님은 그의 말씀에 따라 – 그렇게 하시기를 정말 원하시지만 – 정말 그의 말씀이 우리 안에 거하고 있지 않으면; 우리가 그 말씀의 빛을 따라 행하지 않으면 그분은 우리를 살아나게 하실 수 없습니다.

나는 보스워스F. F. Bosworth 목사님이 75세인데도 주님의 일을 활발하게 사역하시는 중에 설교하는 것을 들은 적이 있습니다. 그는 이렇게 말했습니다. "나는 매일 아침 '주님, 주님의 말씀대로 나를 살아나게 하옵소서"라고 말하면서 하루를 시작합니다."

그리고 그는 하나님의 말씀대로 살아나게 되는 것이 당신에게 얼마나 중요한지를 설명했습니다. 그리고 그는 75세에도 아주 건강하다고 말했습니다. 그는 평생 동안 하나님을 믿음으로 살았고 전혀 약도 먹지 않았습니다. 보스워스 목사님은 81세까지 사셨고 끝까지 주님의 일로 바쁘게 일하시다가 소천 하셨습니다. 1958년 1월 그는 자기가 운명할 시간이 된 줄을 아셨습니다. 그는 영으로 주님이 부르러 오신다는 것을 알았습니다. 친한 친구가 플로리다에서 그분을 만나러 비행기를 타고 왔습니다. 그가 도착하였을 때 보스워스 목사님은 침대에 앉아 계셨습니다. 그는 손을 들고 주님을 찬양했습니다. "형제여, 나는 오늘을 평생 기다려 왔습니다. 나는 내 집으로 돌아갑니다."

그는 매일 "주님, 주의 말씀대로 나를 살아나게 하소서"라고 기도했습니다. 그리고 주님은 그를 죽는 날 까지 매일 그를 살아나게 하셨습니다. 보스워스 목사님은 질병이나 아픈 것이 없이 돌아가셨습니다. 그는 그냥 주님과 함께 집으로 가신 것입니다.

하나님의 말씀은 우리가 실천을 하든지 안 하든지 진리입니다.

암송 구절 :
너희가 내 안에 거하고 내 말이 너희 안에 거하면 무엇이든지 원하는 대로 구하라 그리하면 이루리라(요 15:7)

배운 것을 행하십시오 :
너희는 말씀을 행하는 자가 되고 듣기만 하여 자신을 속이는 자가 되지 말라(약 1:22)

제 19 과

예수님께서 기도에 대하여 하신 말씀(4부)

성경 구절 : 요 14:10-14; 16:23, 24, 7-11

핵심 진리 : 무엇이 필요하든지 그리스도 안에서 우리의 필요가 채워지도록 요구하는 것은 우리의 특권입니다.

예수님께서 기도에 대해 하신 말씀을 보기 위해 요한복음을 다시 보겠습니다.

이상하리만큼 요한은 다른 복음서의 저자들이 기도에 대해 기록한 것을 전혀 쓰지 않았습니다. 다른 저자들도 요한이 쓴 것을 포함시키지 않았습니다. 요한은 예수님께서 말한 것과 행동한 것을 전부 기록했다면 이 세상이라도 그 책을 감당할 수 없다고 했습니다. 그는 예수님이 하나님의 아들인 것을 우리로 믿게 하기 위하여 썼다고 했습니다.

복음서 저자들이 같은 사건을 다 기록한 것은 아닙니다. 누가는 마태가 말한 것을 부분적으로 기록했습니다. 마가는 전 과에서 공부한 대로 마가복음 11장 12-24절에서 예수님이 무화과나무를 저주하신 것을 통해 한번만 기도에 대한 가르침을 기록했습니다. 마태는 이것을 마태복음 21장에서 다뤘습니다.

마태는 합심 기도에 대하여 기록했는데 다른 복음서는 전혀 그런 것을 언급하지 않습니다. "진실로 다시 너희에게 이르노니 너희 중의 두 사람이 땅에서 합심하여 무엇이든지 구하면 하늘에 계신 내 아버지께서 그들을 위하여 이루게 하시리라"마 18:19 실질적으로 우리는 이러한 모든 것을 다 종합해 보아야 예수님이 기도에 대해 가르치신 것을 더욱 분명히 볼 수 있습니다. 요한복음은 기도라는 주제에 대하여 아주 다른 관점에서 기록하고 있습니다. 여기서 두개의 성경 구절을 보겠는데 언뜻 보기에는 비슷해 보이지만 사실은 상당히 다른 것입니다.

요 14:10-14
10 내가 아버지 안에 거하고 아버지는 내 안에 계신 것을 네가 믿지 아니하느냐 내가 너희에게 이르는 말은 스스로 하는 것이 아니라 아버지께서 내 안에 계셔서 그의 일을 하시는 것이라
11 내가 아버지 안에 거하고 아버지께서 내 안에 계심을 믿으라 그렇지 못하겠거든 행하는 그 일로 말미암아 나를 믿으라
12 내가 진실로 진실로 너희에게 이르노니 나를 믿는 자는 내가 하는 일을 그도 할 것이요 또한 그보다 큰일도 하리니 이는 내가 아버지께로 감이라

13 너희가 내 이름으로 무엇을 구하든지 내가 행하리니 이는
아버지로 하여금 아들로 말미암아 영광을 받으시게 하려 함이라
14 내 이름으로 무엇이든지 내게 구하면 내가 행하리라

많은 사람들이 이것을 기도에 대한 성경 구절이라고 생각합니다. 그러나 예수님은 여기에서 기도를 이야기하고 있지 않습니다.
그러면 16장에 두 구절을 읽어 보겠습니다.

요 16:23-24
23 그 날에는 너희가 아무 것도 내게 묻지 아니하리라 내가 진실로 진실로 너희에게 이르노니 너희가 무엇이든지 아버지께 구하는 것을 내 이름으로 주시리라
24 지금까지는 너희가 내 이름으로 아무 것도 구하지 아니하였으나 구하라 그리하면 받으리니 너희 기쁨이 충만하리라

이 성경 구절들에서 예수님은 14장에서 말씀하신 것과 아주 다른 말씀을 하고 계십니다. 예수님은 16장에서 "너희가 무엇이든지 아버지께 구하는 것을 내 이름으로 주시리라"라고 말씀하십니다. 그러나 14장에서는 "내 이름으로 무엇이든지 내게 구하면 내가 행하리라"라고 말씀하십니다. 여기서 예수님은 두 가지 다른 것을 말씀하고 계신 것입니다.

우리의 권리로 요구하기

이 성경 구절들을 헬라어로 다시 살펴보겠습니다. 여기 '구하다'라는 단어의 헬라어 직역은 '요구'라는 말입니다. 혹은 "내 이름으로 무엇이든지 내게 요구하면 내가 행하리니"라고 읽을 수도 있습니다.

우리는 하나님께 요구하는 것이 아닙니다. 우리가 기도할 때 예수님의 이름으로 하나님께 구하는 것입니다. 그러나 우리는 마귀에게는 이것들을 요구합니다.

사실 헬라어는 영어 번역본보다 더 자세히 표현하고 있습니다. 헬라어 원본은 이렇게 말하고 있습니다. "무엇이든지 당신의 권리로 요구하는 것은……."(그냥 호의로써 하는 것이 아니고)

우리가 우리의 권리를 가지고 구하는 것이나 요구하는 것을 예수님은 "내가 행하겠다"라고 말씀하십니다. 우리는 재정적으로 어려움이 있을 때 사단에게 우리의 재정적인 문제에서 그 손을 뗄 것을 요구할 권리가 있습니다. 우리의 필요가 무엇이든지 그 필요를 충족시키기 위해 우리가 구하고 요구하는 것은 주안에 있는 우리의 권리이고 특권입니다.

우리는 사도행전에서 여기에 대한 예를 하나 보겠습니다. 베드로와 요한이 성전 미문에서 구걸하고 있는 앉은뱅이를 보았습니다. 베드로가 멈춰서 말합니다. "우리를 보십시오." 그 사람은 혹시 동전이라도 하나 얻을까 하여 그들을 바라보았습니다. 베드로는 "은과 금은 내게 없거니와 내게 있는 이것을 네게 주노니 나사렛 예수 그리스도의 이름으로 일어나 걸으라"행 3:6라고 말했습니다.

베드로는 예수님의 이름으로 그 앉은뱅이에게 일어나 걸으라고 요구했습니다. 그는 하나님께 해달라고 기도하지 않았습니다. 그는 예수님이 무엇이든지 그의 이름으로 요구하고 구한 것은 그가 행하시겠다고 한 것을 알았습니다. 예수님이 "내 이름으로 무엇이든지 내게 구(요구)하면 내가 행하리라"라고 말씀하시기 바로 전에 "나를 믿는 자는 내가 하는 일을 그도 할 것이요"라고 말씀하셨습니다. 베드로는 그가 앉은뱅이를 치유했을 때 예수님이 하신 일을 자기도 행한 것입니다.

우리가 아픈 사람을 위해서 기도하지만 – 그리고 이것은 아주 성경적입니다약 5:14-16 – 예수님은 아픈 사람을 위하여 결코 기도하지 않았습니다.

예수님은 말씀하셨습니다. "내가 하는 일을 그도 할 것이요." 만일 우리가 아픈 사람을 위하여 기도하고 응답받으면 예수님의 하신 일을 우리도 했다고 할 수가 없습니다. 예수님은 병자들의 머리 위에 손을 얹었지만 그들을 위하여 기도하지는 않았습니다. 예수님은 마귀에서 떠나라고 명령하셨습니다. 그리고 "가라. 네 믿은 대로 될지어다"마 8:13라고 말씀하셨습니다.

그래서 예수님이 요한복음 14장 13절에서 "너희가 내 이름으로 무엇을 구하든지 내가 행하리니"라고 말씀하신 것입니다. 여기서 예수님은 하나님께 기도하는 것을 언급한 것이 아니고 그가 한 일과 똑같은 일을 하는 것에 대하여 말하고 있습니다.

더 큰 일들

예수님은 자신이 하신 일을 우리도 할 수 있다고 하셨을 뿐만 아니라 "또한 그보다 큰 일도 하리니…"요 14:12라고 하셨습니다. 그리고 예수님은 우리가 왜 더 큰 일을 할 수 있는지에 대하여도 말씀하셨습니다. "이는 내가 아버지께로 감이라." 오늘날 교회가 할 수 있으며 지금도 하고 있는 더 큰 일들은 예수님이 아버지께로 가셨음으로 할 수 있는 것입니다.

요 16:7-11
7 그러나 내가 너희에게 실상을 말하노니 내가 떠나가는 것이 너희에게 유익이라 내가 떠나가지 아니하면 보혜사가 너희에게로 오시지 아니할 것이요 가면 내가 그를 너희에게로 보내리니
8 그가 와서 죄에 대하여, 의에 대하여, 심판에 대하여 세상을 책망하시리라
9 죄에 대하여라 함은 그들이 나를 믿지 아니함이요
10 의에 대하여라 함은 내가 아버지께로 가니 너희가 다시 나를 보지 못함이요
11 심판에 대하여라 함은 이 세상 임금이 심판을 받았음이라

무엇이 더 큰일일까요? 우리는 사람들이 어떻게 거듭날 수 있는지 보여 줄 수 있습니다. "그러나 예수님의 사역에서도 사람들이 구원받고 거듭나지 않았나요?" 어떤 사람들이 물어올 수도 있습니다. 그들은 구약의 성도들이 받은 것과 같은 의미의 구원을 받았습니다. 그러나 그들은 거듭나지 못했습니다. 거듭나기 위해서는 성령님의 역사가 꼭 필요합니다. 그런데 예수님이 지상에 계시는 동안은 성령님이 오시지 않았습니다. 그렇기 때문에 예수님께서 이렇게 말씀하셨습니다. "내가 너희에게 실상을 말하노니 내가 떠나가는 것이 너희에게 유익이라 내가 떠나가지 아니하면 보혜사가 너희에게로 오시지 아니할 것이요 가면 내가 그를 너희에게로 보내리니" 요 16:7

"그러나 예수님이 이 땅에 계신 동안 사람들의 죄를 용서해 주시지 않았나요?"라고 물을 수도 있겠지요. 그렇습니다. 그러나 사람들의 죄가 용서받는 것과 거듭나는 것은 다른 이야기입니다.

사람이 거듭난 후에 그가 죄를 지으면 용서를 받을 수 있습니다. 그러나 그는 두 번째로 다시 거듭날 필요는 없습니다.(만일 그랬다면 우리들은 천 번쯤은 거듭났어야 했을 것입니다.) 새로운 탄생은 병을 고치는 것과 기적의 역사보다 더 큰 일입니다.

그래서 예수님이 이 땅에 계신 동안은 사람들이 거듭나지 않았습니다. 둘째로 사복음서 어디에서도 우리는 "주님이 구원받을 자들을 날마다 교회에 더하더라"라고 하는 구절을 읽어볼 수 없습니다. 그러나 우리는 사도행전에서 이런 구절을 자주 읽을 수 있습니다. 이것은 예수님 당시에는 우리가 지금 생각하고 있는 신약의 교회가 없었기 때문입니다.

당시 이 땅에 그리스도의 몸은 오직 예수님의 육신적인 몸밖에 없었습니다. 그 때 예수님을 믿는 사람들이 있었습니다. 그들은 앞으로 올 약속을 가졌습니다. 그러나 그들의 믿음은 성령이 오셔서 그리스도 안에서 한 몸으로 세례를 주시기까지는 성취될 수 없었습니다. 그리스도의 몸이 먼저 세워져야 했습니다. 오늘날 우리는 그리스도의 영적인 몸입니다. 지상에 있는 단 하나의 그리스도의 몸은 전 세계의 그리스도인들이 모여서 이룬 교회입니다.

예수님의 사역 아래서 아무도 거듭나지 못하고 교회에 더해지는 사람이 없었을 뿐만 아니라 아무도 성령으로 충만함을 받지 못했습니다. 이런 것들이 예수님이 아버지께로 가셨으므로 우리가 하는 '더 큰일'들입니다.

예수님의 이름으로 기도하기

이제 예수님이 요한복음 16장에서 기도에 대하여 한 말씀을 비교해 봅시다. "그날에는 너희가 아무것도 내게 묻지 아니하리라"23절 예수님이 '그날'이라고 한 것은 우리가 사는 지금을 말한 것입니다 – 새로운 언약의 시대, 신약의 시대를 말한 것입니다.

어떤 번역본은 이 구절을 "그날에는 너희가 내게 기도하지 않으리니"라고 썼습니다. 예수님은 그에게 기도하지 말 것을 우리에게 말씀하셨습니다. 예수님은 예수님의 이름으로 아버지께 기도하라고 하셨습니다(3과 참조). "무엇이든지 아버지께 구하는 것을 내 이름으로 주시리라."

그리고 다시 말씀하셨습니다. "지금까지는 너희가 내 이름으로 아무 것도 구하지 아니하였으나 구하라 그리하면 받으리니 너희 기쁨이 충만하리라."24절

예수님께서는 그 제자들에게 주님이 이 세상에 있는 동안은 그들이 예수님의 이름으로 아버지께 구하지 않았다고 말씀하십니다. 그러나 이 세상에 예수님께서 계시지 않는 '그날'에는 예수님의 이름으로 아버지께 구하라고 하셨습니다. "그리하면 받으리니 너희 기쁨이 충만하리라."

하늘에 계신 우리의 아버지는 우리가 구하기만 한다면 우리의 필요를 채우시기 원하십니다. 그렇게 함으로 우리의 기쁨이 충만해질 것이기 때문입니다!

암송 구절 :
내 이름으로 무엇이든지 내게 구하면 내가 행하리라(요 14:14)

배운 것을 행하십시오 :
너희는 말씀을 행하는 자가 되고 듣기만 하여 자신을 속이는 자가 되지 말라(약 1:22)

제 20 과

사도 바울이 기도에 대하여 하신 말씀(1부)

성경 구절 : 살전 5:16-18

핵심 진리 : 우리가 하나님을 온전히 믿을 때 우리는 인생의 모든 상황에서 감사할 수 있습니다.

초대 교회에 쓴 그의 편지에 사도 바울은 새로운 그리스도인에게 기도에 대해 많은 것을 말하고 있습니다. 우리는 이미 지난 과에서 사도 바울의 기도에 대한 가르침을 많이 공부했으므로 여기서 그것들을 다시 반복하지는 않겠습니다. 다음 두 과에서 우리는 사도 바울의 기도에 대한 말씀 중에서 보충된 것만 간단히 살펴보겠습니다.

살전 5:16-18

16 항상 기뻐하라

17 쉬지 말고 기도하라

18 범사에 감사하라 이것이 그리스도 예수 안에서 너희를
향하신 하나님의 뜻이니라

킹 제임스 번역본의 17절은 오해하기 쉽습니다. 어떤 사람들은 사도 바울이 여기서 우리에게 항상 기도하라고 말한 것으로 생각합니다. 이 구절의 다른 번역본에서는 "절대 기도를 포기하지 마십시오"라든가 혹은 "기도에 있어서 쉬지 마십시오"라고 했습니다. 다른 말로 하면 당신의 기도 생활을 포기하지 말라는 것입니다. 기도 생활을 유지하십시오. 이것은 숨쉴 때마다 기도하라는 이야기가 아닙니다. 그것은 불가능한 일입니다.

기도를 절대로 포기하지 말라는 간곡한 권유는 기뻐하라는 권유와 감사하라는 권유 중간에 들어 있습니다. 샌드위치와 같이 잘 배열되어 있지요. 사도 바울은 말합니다. "항상 기뻐하라." 우리는 항상 기쁨이 충만해야 합니다.

그리고 그는 말합니다. "범사에 감사하라 이것이 그리스도 예수 안에서 너희를 향하신 하나님의 뜻이니라"

어떤 사람이 "그러나 나는 모든 일에 하나님께 감사할 수는 없어요."라고 소리칠 수도 있습니다. 사도 바울은 우리가 할 수 있다고 했습니다. 바울은 이것이 그리스도 예수 안에서 우리를 향하신 하나님의 뜻이라고 말합니다. 우리 모두는 하나님의 뜻 가운데 있기를 원합니다. 우리가 가지고 있는 각각의 일들을 옳은 관점에서 볼 때 우리는 하나님의 뜻 가운데 있을 수 있습니다.

우리가 하나님의 말씀을 알고 행동에 옮기면 우리는 모든 것을 그분께 진심으로 감사드릴 수 있습니다. 나는 나의 삶에서 상황들이 어두울 때 감사해 왔습니다.

내가 처음 순회하는 전도자로 출발했을 당시에 다른 집회 약속이 없는 상태로 부흥회를 마치곤 했습니다.

나는 부양해야 할 아내와 두 아이가 있었습니다. 그 당시 나의 조카딸도 우리 집에서 같이 살고 있었으므로 나는 다섯 명이나 되는 사람들을 먹이고 입혀야 했습니다.

내가 한 부흥회를 끝낸 다음 마지막 헌금을 받으면 종종 집세를 내기에도 부족한 금액이곤 했습니다. 나는 음식을 살 돈이 부족했습니다. 그리고 다른 데서 오라는 곳도 없었습니다.

그런 상황 속에서 하루는 밤에 예배를 마치고 차를 운전해 집으로 오는 길이었습니다. 내 차의 타이어가 낡았기 때문에 밤에 기온이 좀 내려간 후에 운전하는 것이 더 안전하다고 생각해서 밤에 운전을 하고 있었습니다.(낮에는 길이 더워서 타이어가 터질 염려가 있었습니다. 그리고 나는 스페어 타이어도 없었습니다.)

집에 오는 동안 마귀는 내 어깨에 앉아 내 귀에 속삭였습니다. "이제 어떻게 할래? 이제 어떻게 할래?" 내 차는 냉방 시설이 되어 있지 않았습니다. 그래서 차창이 내려져 있었기 때문에 타이어에서 나는 소리를 들을 수 있었습니다. 마치 나를 조롱하는 듯한 말이 반복되는 것 같았습니다. "이제 어떻게 할래? 이제 어떻게 할래?" 이 소리는 점점 더 커졌습니다.

그러나 당신이 말씀을 가졌다면 말씀의 빛 가운데로 행할 수 있습니다. 하나님께 감사하십시오.

나는 말했습니다. "마귀야, 내가 어떻게 할지 말해 주지. 나는 하나님이 말씀하신 대로 행동할 것이다. 성경은 '항상 기뻐하라'고 말했다. 나는 42달러의 헌금을 받은 것을 기뻐해. 내게 102달러가 필요할 지도 몰라. 그러나 나는 42달러로 하나님께 감사해. 나는 기뻐해. 나는 감사를 드려."

"그리고 마귀야 내가 한 가지 더 말해 줄께. 나는 이런 시험을 주신 하나님께 감사해. 왜냐하면 이것이 하나님과 성경이 진리인지 알 수 있는 좋은 기회이기 때문이다. 이것이 내가 하나님을 믿는 기회가 된다. 그래서 하나님께 감사한다. 너는 내가 앞으로 무엇을 할 것인가 물어 보았기 때문에 내가 무엇을 할지 가르쳐줄게. 나는 집에 가서 갓난 아이 같이 잘 것이다."

나는 새벽 2시경 집에 도착했고 나의 아내는 물었습니다. "어땠어요?" 나는 그녀가 우리의 모든 고지서를 지불할 만큼 충분한 돈이 있는지를 물어 보고 있다는 것을 알았습니다.

"모든 일이 아주 좋아요"라고 나는 그녀에게 대답했습니다. "우리는 아무것도 걱정할 것이 없어요. 내일 이야기 합시다." 그리고 나는 침대로 가서 평화롭게 잘 잤습니다.

다음날 아침 내가 깨기도 전에 전화가 왔습니다. 내 아내가 내게 수화기를 건네주었을 때 나는 이름은 들었지만 만나지는 못한 목사님인 것을 알았습니다.

"우리를 위해서 언제 집회를 할 수 있어요?"

"당신이 원하는 대로 할 수 있습니다"

"그럼 다음 주일부터 시작하면 어때요?"

"좋아요, 제가 가지요"라고 대답하면서 나는 믿음의 기도 응답에 대해 과거에도 그랬던 것과 같이 내 모든 필요를 채워 주신 하나님을 찬양했습니다.

나는 하나님의 말씀에 순종했고 절망 앞에서 기뻐했습니다. 만일 내가 집에 오는 동안 내내 불평했다면 그렇게 모든 것이 잘 해결되지 않았겠지요.

암송 구절 :

범사에 감사하라 이것이 그리스도 예수 안에서 너희를 향하신 하나님의 뜻이니라(살전 5:18)

배운 것을 행하십시오 :

너희는 말씀을 행하는 자가 되고 듣기만 하여 자신을 속이는 자가 되지 말라(약 1:22)

제 21 과

사도 바울이 기도에 대하여 하신 말씀(2부)

성경 구절 : 딤전 2:1, 2, 8; 4:1-5

핵심 진리 : 하나님께 순복하며 하는 기도는 하늘을 움직입니다.

바울이 젊은 목사인 디모데에게 하는 편지에는 기도에 대한 여러 지침이 있습니다. 그 당시 디모데는 신약 교회의 목사였습니다.

정부의 요직에 있는 사람들을 위해 기도하라

딤전 2:1,2
1 그러므로 내가 첫째로 권하노니 모든 사람을 위하여 간구와 기도와 도고와 감사를 하되
2 임금들과 높은 지위에 있는 모든 사람을 위하여 하라 이는 우리가 모든 경건과 단정함으로 고요하고 평안한 생활을 하려 함이라

우리는 종종 기도할 때 우리 자신을 우선으로 기도합니다. 사실, 어떤 때는 이것이 우리가 하는 전부입니다. - 우리 자신과 우리의 개인적인 삶과 필요만을 위하여 기도합니다.

그러나 사도 바울은 디모데에게 이렇게 지시하고 있습니다. "그러므로 내가 첫째로 권하노니 모든 사람을 위하여 간구와 기도와 도고와 감사를 하되" 그리고는 점점 더 분명히 말하고 있습니다. "임금들과 높은 지위에 있는 모든 사람을 위하여 하라."(그 당시 사람들은 왕에 의해 통치되었습니다. 이것은 요즘의 대통령이나 다른 정부의 장관들에 비교될 수 있습니다.)

왜 사도 바울은 우리가 그런 사람들을 위하여 기도해야 한다고 말을 했을까요? "이는 우리가 모든 경건과 단정함으로 고요하고 평안한 생활을 하려 함이라." 우리가 살고 있는 나라에 무슨 일이 일어나면 그것은 모든 사람에게 영향을 미칩니다. 하나님은 우리에게 관심이 있습니다. 우리의 지도자가 믿는 사람이든지 아니든지 하나님은 우리들을 위하여 무슨 일을 하실 것입니다.

우리는 여기서 중보 기도에 대해 언급 하는 것을 볼 수 있습니다. 아브라함이 소돔과 고모라를 위해 중보할 때 하나님은 내려 오셔서 그와 말씀하신 이후에야 그 죄악의 도시들을 멸망시키셨습니다. 아브라함은 하나님께 열명의 의인이 발견되면 그 도시를 멸망시키지 말 것을 간절히 간구하였습니다. 그리고 하나님은 말씀하셨습니다. "내가 십 명으로 말미암아 멸하지 아니하리라" 창 18:32

미국엔 열 명 이상의 의인이 있습니다. 그러므로 우리가 겁을 먹을 필요는 없습니다. 그러나 우리는 나라와 정부의 위정자들을 위해서 중보 기도를 해야겠습니다. 하나님은 우리가 구하기 때문에 역사 하실 것입니다.

천국을 향하여 손을 들고 기도하라

딤전 2:8
그러므로 각처에서 남자들이 분노와 다툼이 없이 거룩한 손을 들어 기도하기를 원하노라

바울이 디모데에게 하신 말씀 중에 "사람들은 어디서나 기도해야 합니다"라는 부분에는 모든 사람이 동의할 것입니다. 그러나 바울은 기도에 대해서 또 다른 명백한 지시를 하고 있음을 주목하십시오. "분노와 다툼이 없이 거룩한 손을 들어 기도하기를 원하노라."

우리는 모두 사람들에게 의심하지 말고 기도하라고 권합니다. 예수님은 "내가 진실로 너희에게 이르노니 누구든지 이 산더러 들리어 바다에 던져지라 하며 그 말하는 것이 이루어질 줄 믿고 마음에 의심하지 아니하면 그대로 되리라"막 11:23라고 말씀하십니다.(확실히 우리는 분노를 품지 않고 기도하라는 것의 필요성을 알 수 있습니다)

우리가 위 구절에서 사도 바울의 가르침 중에서 2/3를 따라야 한다고 권한다면 우리는 "거룩한 손을 들고"라고 한 그의 세 번째 지시도 따라야 할 것입니다.

내가 그랬던 것과 같이 다른 교단 출신의 성도들은 처음에 손을 들고 기도하는 것이 너무 어렵다고 생각될 수도 있습니다. 나는 내가 처음에 손을 들고 기도하는 사람들을 만났을 때를 기억합니다. 손을 들고 기도하는 것은 내 삶 중에 가장 힘들었던 일이었습니다.

어떤 사람이 내게 물어볼 수도 있습니다. "꼭 그렇게 해야 하나요?" 아니요, 당신은 꼭 해야 하는 것은 아닙니다. 그러나 만일 당신이 성경 구절의 일부를 순종하길 원한다면 왜 전부를 순종할 수는 없겠습니까? 왜 신약에서 가르치는 기도대로 하지 않습니까?

만일 바울이 성령의 감동으로 교회에 이 편지를 쓴 것이면 나는 순종해야 할 의무가 있습니다. 만일 일부가 하나님의 감동으로 쓰여졌다면 전부가 감동으로 쓰여진 것이고 우리는 주의를 집중해야 할 것입니다.

거룩하게 하는 기도 Sanctifying Prayer

딤전 4:1-5

1 그러나 성령이 밝히 말씀하시기를 후일에 어떤 사람들이 믿음에서 떠나 미혹하는 영과 귀신의 가르침을 따르리라 하셨으니

2 자기 양심이 화인을 맞아서 외식함으로 거짓말하는 자들이라
3 혼인을 금하고 어떤 음식물은 먹지 말라고 할 터이나 음식물은 하나님이 지으신 바니 믿는 자들과 진리를 아는 자들이 감사함으로 받을 것이니라
4 하나님께서 지으신 모든 것이 선하매 감사함으로 받으면 버릴 것이 없나니
5 하나님의 말씀과 기도로 거룩하여짐이라

이 구절들에서 바울은 죄인들이나 이방인의 세계를 말하고 있지 않습니다. 그는 믿는 자들이 그들의 믿음에서 떠난 것에 대하여 말하고 있습니다. 1절은 "후일에 어떤 사람들이 믿음에서 떠나 미혹하는 영과 귀신의 가르침을 따르리라"라고 말하고 있습니다.

그리고 3절에서 바울은 마귀의 교리에 대하여 언급하고 있습니다. "혼인을 금하고 어떤 음식물은 먹지 말라고 할 터이나."

우리 가운데 대부분은 이런 그릇된 가르침에 희생이 된 사람들을 만난 적이 있을 것입니다.

그러나 바울은 성령의 감동하심으로 고기에 대하여 말하고 있습니다. "음식물은 하나님이 지으신 바니 믿는 자들과 진리를 아는 자들이 감사함으로 받을 것이니라 하나님께서 지으신 모든 것이 선하매 감사함으로 받으면 버릴 것이 없나니."

마귀는 어떤 방법으로든지 사람들을 하나님으로부터 떨어뜨리려고 합니다.

나는 하나님을 향하여 대단한 열정을 갖고 있는 한 목사님을 알고 있었습니다. 그는 대부분의 사람들이 있는 힘을 다해 구원하는 영혼보다도 더 많은 영혼들을 자기도 모르는 사이에 구원하고 있었습니다. 그러나 그는 식이 요법이라는 것에 빠져서 사람들에게 어떤 것은 먹어도 되고 어떤 것은 먹으면 안 된다고 가르치기 시작했습니다. 그는 구약의 먹는 법을 가르치면서 식이요법에 대해서 그의 모든 시간을 드리기 시작했습니다. 그리고는 아무도 구원시키지 못하게 되었습니다. 마귀가 그 사람의 영혼 구원 사역을 갉아먹고 말았던 것입니다.

사람들이 나에게 물어 왔습니다. "당신은 돼지고기를 먹습니까?" 물론 나는 먹습니다. 나는 그것을 사도 바울이 가르치신 대로 "하나님의 말씀과 기도"로 거룩하게 합니다. 여러분은 스컹크라도 먹고 싶으면 먹을 수 있습니다. 왜냐하면 "하나님께서 지으신 모든 것이 선하매 감사함으로 받으면 버릴 것이 없나니" 4절라고 했기 때문입니다. 우리는 감사함으로 받으면 어떤 음식물도 먹을 수 있고 기도로 거룩해 질 수 있습니다. 그러므로 우리가 먹는 것이 우리를 해할 수 없습니다. 나는 기도로 거룩하게 하기 때문에 내가 먹는 어떤 것도 나를 해치지 않습니다. 많은 사람들이 이런 것 저런 것을 먹으면 안 좋다고 해서 먹을 수 없다고 합니다. 그러나 바울이 이 성경 구절에서 가르치시는 것처럼 우리가 그것을 거룩하게 한다면 그럴 필요는 없습니다.

우리는 교회에서 이런 일들로 인해 이상하게 된 사람들을 조심

해야 하겠습니다. 왜냐하면 바울은 그들이 "미혹하는 영과 귀신의 가르침을 따르리라"라고 했습니다.

암송 구절 :
그러므로 각처에서 남자들이 분노와 다툼이 없이 거룩한 손을 들어 기도하기를 원하노라(딤전 2:8)

배운 것을 행하십시오 :
너희는 말씀을 행하는 자가 되고 듣기만 하여 자신을 속이는 자가 되지 말라(약 1:22)

제 22 과

다른 사도들이 기도에 대하여 하신 말씀(1부)

성경 구절 : 약 5:13-18; 유 20, 21

핵심 진리 : 우리 기도의 응답은 우리가 얼마나 잘했느냐에 달려 있지 않고 우리가 그리스도와 올바른 관계에 있는 지에 달려 있습니다.

자, 이제 다른 저자들이 기도에 대하여 어떻게 말하고 있는지를 살펴보겠습니다.

야고보 사도가 기도에 대하여 하신 말씀

약 5:13-16

13 너희 중에 고난 당하는 자가 있느냐 그는 기도할 것이요 즐거워하는 자가 있느냐 그는 찬송할지니라

14 너희 중에 병든 자가 있느냐 그는 교회의 장로들을 청할

것이요 그들은 주의 이름으로 기름을 바르며 그를 위하여 기도할지니라

15 믿음의 기도는 병든 자를 구원하리니 주께서 그를 일으키시리라 혹시 죄를 범하였을지라도 사하심을 받으리라

16 그러므로 너희 죄를 서로 고백하며 병이 낫기를 위하여 서로 기도하라 의인의 간구는 역사하는 힘이 큼이니라

야고보는 세 가지 질문을 하고 있습니다. "너희 중에 고난 당하는 자가 있느냐? 너희 중에 즐거워하는 자가 있느냐? 너희 중에 병든 자가 있느냐?" 그는 여기서 세 가지 다른 것들을 질문하고 있습니다. '고난 당하는 자'와 '병든 자'는 이 구절에서 같은 것을 말하는 것이 아닙니다. 야고보는 고난 당하는 자에게는 이러한 지시를 하고 병든 자에게는 다른 지시를 하고자 합니다.

헬라어의 '고난 당하는 자'로 번역된 말은 질병이나 육신적인 고난을 말하고 있지 않습니다. 이것은 시험이나 시련을 뜻합니다. 야고보는 '당신이 시험이나 시련을 통과하고 있다면 당신 자신이 기도 하십시오'라고 말합니다. 많은 사람들이 말씀대로 하고 있지 않습니다. 대부분의 사람들은 돌아다니며 그들을 위해 기도해 줄 사람을 찾습니다. 그러나 야고보는 이런 경우 다른 사람에게 기도해 주기를 요청하라고 한마디도 말하고 있지 않습니다. 그는 "그는 기도할 것이요"라고 말했습니다.

이것은 우리가 서로를 위해서 기도하는 것이 잘못된 것이라는

말이 아닙니다. 하나님께서 우리가 배우기를 가장 원하는 것은 우리 자신이 기도를 해야 한다는 것입니다. 왜냐하면 그렇게 함으로 우리가 큰 승리를 얻을 수 있기 때문입니다. 만일 당신이 문제를 해결하기 위해 다른 사람의 기도에 의지해야 한다면 다음번에 다가오는 인생의 어려운 일들을 만날 때도 어떻게 해결해야할지를 모를 것이기 때문입니다. 그때도 여러분은 기도해줄 사람을 찾아서 그 문제를 해결 받을 수밖에 없겠지요. 그리고 그런 사람을 찾을 수 없다면 당신은 문제에서 해결 받지 못할 수도 있을 것입니다.

야고보는 말합니다. "즐거워하는 자가 있느냐 그는 찬송할지니라." 이 구절은 더 설명이 필요 없습니다. 즐거울 때 노래하는 것은 매우 쉬운 일입니다.

야고보는 또 말합니다. "너희 중에 병든 자가 있느냐 그는 교회의 장로들을 청할 것이요 그들은 주의 이름으로 기름을 바르며 그를 위하여 기도할지니라." 헬라어 학자인 넬슨 박사는 이 말이 헬라어로 번역하면, '병든 자'는 건강을 잃어서 아무 일도 할 수 없는 사람이라고 표현했습니다. 말하자면 그는 무력한 사람입니다.

두통 등 간단한 병이면 그는 교회로 가서 목사에게 기도를 해 달라고 할 수 있습니다. 그러나 그가 너무 아파서 자리에서 일어날 수 없다면 교회의 장로들을 불러 기도 받을 수밖에 없다는 것입니다.

(우리는 야고보가 이 서신서를 쓸 때 교회가 갓 태어난 상태였던 것을 기억해야 합니다. 제자들은 교회가 없는 곳으로 가서 전

도하고 사람들을 주님께 돌아오게 하고 사역을 세워갔습니다. 이런 새로운 교회들은 사역의 모든 은사들을 아직 가지고 있지 않았습니다. 어떤 교회는 목사도 없었습니다. 그들은 회중 가운데서 가장 나이 많은 사람을 뽑았고 어떤 곳에서는 영적으로 가장 성숙한 사람들을 뽑아서 그들이 돌보게 했습니다. 교회가 자라고 발전함에 따라 하나님은 "그가 어떤 사람은 사도로, 어떤 사람은 선지자로, 어떤 사람은 복음 전하는 자로, 어떤 사람은 목사와 교사로 삼으셨으니"엡 4:11 이렇게 진행되어가는 동안에 사역을 위해 구별된 사람들이 있었던 것입니다.

죄가 있는 사람이 치유를 받을 수 있을까요?

야고보는 병든 사람들에게 장로들을 불러서 그들이 기름을 바르고 기도하도록 지시했습니다. "믿음의 기도는 병든 자를 구원하리니 주께서 그를 일으키시리라 혹시 죄를 범하였을지라도 사하심을 받으리라"약 5:15 야고보는 사람이 죄가 있기 때문에 병이 들었다고 말한 것은 아닙니다. 그들 중 몇 사람은 그들이 죄를 지었기 때문에 병이 들었다고 말하고 있습니다; "혹시 죄를 범하였을지라도 사하심을 받으리라." 우리를 위한 용서함과 치유함이 여기에 함께 있습니다.

많은 사람들이 하나님께 잘못한 사람들은 그들이 값을 치러야 하므로 계속해서 몸이 아파야 한다고 생각합니다. 그러나 이 성경은 "혹시 죄를 범하였으면 죄 값을 치루기 위하여 계속 아파야한다"고 말하고 있지 않습니다. "혹시 죄를 범하였을지라도 사하심을 받으리라"라고 말씀합니다.

야고보는 "너희 죄를 서로 고백하며 병이 낫기를 위하여 서로 기도하라"16절라고 계속하여 말하고 있습니다. 이것은 모두 한 묶음입니다. 우리는 이 구절만 따로 떼어서 다른 곳에다 잘못 적용해선 안 됩니다. 야고보는 교회에 와서 고백을 위한 모임을 만들라고 말하고 있지 않습니다. 그는 장로들이 와서 병든 자를 위해 기도할 때 혹시 죄를 범하였을지라도 그가 고백하면 된다고 말하고 있습니다. 고백하지 않은 죄를 가지고 병이 나을 수가 없기 때문입니다.

무엇이 의로운 사람입니까?

야고보는 "의인의 간구는 역사하는 힘이 큼이니라"라고 말하면서 권면하고 있습니다. 다음 두 구절에서 의로운 사람에 대하여 예를 들고 있습니다.

> 약 5:17-18
> 17 엘리야는 우리와 성정이 같은 사람이로되 그가 비가 오지 않기를 간절히 기도한즉 삼 년 육 개월 동안 땅에 비가 오지 아니하고
> 18 다시 기도하니 하늘이 비를 주고 땅이 열매를 맺었느니라

여러분은 내가 한때 생각했던 것과 같이 "엘리야는 예언자였지. 그는 대단한 하나님의 사람이었어. 그가 행한 일을 내가 어떻게 할 수 있겠어?"라고 생각할 수도 있습니다. "엘리야는 예언자였습니다. 그리고 그는 기도했습니다"라고 말하지 않았습니다. 그는 "엘리야는 우리와 성정이 같은 사람이로되"라고 말했습니다.

엘리야는 우리와 같이 단점과 실수가 있었다고 했습니다. 그리고 그는 우리와 같이 실수하는 자녀였지만 그의 기도는 응답받았습니다.

하나님이 예언자의 기도를 다른 믿는 자의 기도보다 더 빨리 듣는 것은 아닙니다. 야고보는 "예언자의 간구는 역사하는 힘이 많으니라"라고 말하지 않았습니다. 그는 "의인의 간구는 역사하는 힘이 큼이니라"라고 말했습니다.

"만일 내가 의롭다면 할 수 있겠지"라고 말할 수 있습니다. 그러나 당신이 구원받았다면 당신은 의롭습니다. 왜냐하면 당신은 '그(그리스도) 안에서 하나님의 의'가 되었기 때문입니다. 고후 5:21 하나님이 당신을 의롭게 했습니다. 당신은 당신 자신을 의롭게 할 수 없습니다.

12년간이나 목회를 한 사람으로서 나는 나의 교인 중에서 헌신적인 삶에 있어서는 다른 사람의 절반에도 미치지 못하는 사람들도 많이 보았습니다. 그럼에도 불구하고 그들은 다른 사람들의 두 배나 더 효과적인 기도를 할 수 있었습니다. 그들은 그들 자신이나 가족들을 위해서 기도할 때 다른 사람들보다 더 빨리 믿음의 기도를 하곤 했습니다. 나는 이것에 대하여 상당히 이상하게 생각하곤 했습니다. 주님은 결국 그의 말씀을 통하여 우리 기도의 응답은 우리가 선하고 착한 것에 근거하지 않고 우리가 그와 올바른 자리에 서 있는 것에 근거한다는 것을 보여 주신 것입니다.

우리는 그리스도 안에서 의롭게 되었습니다. "하나님이 죄를 알지도 못하신 이를 우리를 대신하여 죄로 삼으신 것은 우리로 하여금 그 안에서 하나님의 의가 되게 하려 하심이라"고후 5:21

의롭다는 것은 하나님과의 올바른 관계에 있다는 것입니다. 예수님이 우리의 의입니다. 거듭난 우리 모두는 예수님이 가지셨던 것과 똑같은 신분 또는 의를 가지고 있는 것입니다. 우리가 주님의 보혈에 의해 은혜의 보좌로 담대히 나오도록 마련해 놓으셨습니다.

유다가 기도에 대해서 하신 말씀

유다도 기도에 대해서 명확하게 해주고 도움이 되는 말씀을 하였습니다.

> 유 1:20-21
> 20 사랑하는 자들아 너희는 너희의 지극히 거룩한 믿음 위에 자신을 세우며 성령으로 기도하며
> 21 하나님의 사랑 안에서 자신을 지키며 영생에 이르도록 우리 주 예수 그리스도의 긍휼을 기다리라

유다의 가르침은 바울이 고린도 교회에 말한 것과 같은 맥락입니다. "내가 만일 방언으로 기도하면 나의 영이 기도하거니와 나의 마음은 열매를 맺지 못하리라 … 방언을 말하는 자는 자기의 덕을 세우고…"고전 14:14, 4 (9과와 10과 참조)

세운다는 말은 건축한다는 말입니다. 방언으로 기도하는 것은 믿는 자를 세우고 건축하는 것입니다. 이것은 '영적인 근육'을 만드는 것이라고 말할 수 있습니다.

유다는 성령으로 기도하는 것이 당신의 믿음을 세운다고 말하지 않았습니다. 그는 "너희의 지극히 거룩한 믿음 위에 자신을 세우며 성령으로 기도하며"라고 말했습니다.

문장에서 한 부분을 떼어내 다른 것을 증명하려는 것은 어리석은 일입니다. 한 구절을 빼내어 연계하는 다른 구절들이 말하는 것으로 다른 것을 만들려고 해서는 안 됩니다. 우리는 한 구절을 전체적인 문맥 안에서 해석해야만 합니다. 전체적인 문맥을 공부하고 그것을 통하여 구절들을 다 같이 보아야 합니다. 그러면 한 구절이 다른 구절을 도와주고 서로 맞는 것을 알 수 있습니다.

로마서 10장 17절은 우리의 믿음을 어떻게 세우는 것에 대하여 말하고 있습니다. "믿음은 들음에서 나며 들음은 그리스도의 말씀으로 말미암았느니라." 우리는 하나님의 말씀을 공부함으로 믿음을 세웁니다. 그리고 나서 방언으로 기도함으로 우리가 벌써 가진 믿음 위에 우리 자신을 영적으로 세워 가는 것입니다.

우리는 매일의 삶 속에서 영으로 기도함으로 자신을 세워가며 영적 근육을 잘 세워갈 수 있습니다.

암송 구절 :
그러므로 너희 죄를 서로 고백하며 병이 낫기를 위하여 서로 기도하라 의인의 간구는 역사하는 힘이 큼이니라(약 5:16)

배운 것을 행하십시오 :
너희는 말씀을 행하는 자가 되고 듣기만 하여 자신을 속이는 자가 되지 말라(약 1:22)

제 23 과

다른 사도들이 기도에 대하여 하신 말씀(2부)

성경 구절 : 벧전 3:1-6, 12; 요일 5:14-16; 히 6:4-6; 10:26-29; 요삼 2
핵심 진리 : 하나님의 눈과 귀는 의로운 사람들의 소리를 듣기 위하여 항상 열려 있습니다.

교회에 쓴 베드로의 서신에서 베드로는 믿는 자들에게 기도에 대하여 지시했습니다.

배우자와의 관계는 기도를 방해할 수 있습니다

"남편들아 이와 같이 지식을 따라 너희 아내와 동거하고 그를 더 연약한 그릇이요 또 생명의 은혜를 함께 이어받을 자로 알아 귀히 여기라 이는 너희 기도가 막히지 아니하게 하려 함이라" 벧전 3:7
베드로는 여기서 결혼 생활에서 남편과 아내가 다 같이 믿는 자인 경우를 말하고 있습니다. 왜냐하면 그는 "생명의 은혜를 함께 이어받을 자로 알아"라고 말하고 있기 때문입니다.

남편들이여 만일 당신들의 기도가 응답되지 않는다면 당신 아내와의 관계를 다시 살펴보아야 합니다. 당신은 그에게 상냥하고 존경하는 마음을 보여주십니까? "그를 더 연약한 그릇이요 … 귀히 여기라"라고 했습니다. 만일 그렇지 않다면 베드로는 당신의 기도가 막힐 수도 있다고 말합니다.

그는 이와 비슷한 가르침을 아내들에게도 주고 있습니다. 같이 보겠습니다.

벧전 3:1-6

1 아내들아 이와 같이 자기 남편에게 순종하라 이는 혹 말씀을 순종하지 않는 자라도 말로 말미암지 않고 그 아내의 행실로 말미암아 구원을 받게 하려 함이니
2 너희의 두려워하며 정결한 행실을 봄이라
3 너희의 단장은 머리를 꾸미고 금을 차고 아름다운 옷을 입는 외모로 하지 말고
4 오직 마음에 숨은 사람을 온유하고 안정한 심령의 썩지 아니할 것으로 하라 이는 하나님 앞에 값진 것이니라
5 전에 하나님께 소망을 두었던 거룩한 부녀들도 이와 같이 자기 남편에게 순종함으로 자기를 단장하였나니
6 사라가 아브라함을 주라 칭하여 순종한 것 같이 너희는 선을 행하고 아무 두려운 일에도 놀라지 아니하면 그의 딸이 된 것이니라

여기서 베드로는 구원 받지 못한 남편을 말로 말미암지 않고 구원하는 방법이 있다고 말합니다. "혹 말씀을 순종하지 않는 자라도 말로 말미암지 않고 그 아내의 행실로 말미암아 구원을 받게 하려 함이니." 여기서 '행실'이라는 말은 그 여자의 품행, 사는 방법들을 말하고 있습니다.

하나님은 의로운 자의 기도를 듣습니다

이 장을 따라 내려가면 베드로는 기도에 대하여 더 많이 언급하고 있습니다.

> 벧전 3:12
> 주의 눈은 의인을 향하시고 그의 귀는 의인의 간구에 기울이
> 시되 주의 얼굴은 악행하는 자들을 대하시느니라 하였느니라

이 구절에서 말하는 의로운 사람이란 누구를 말하는 것일까요? 22과에서 우리는 거듭난 신자로서 그리스도 예수 안에서 의인이라고 했습니다. "하나님이 죄를 알지도 못하신 이를 우리를 대신하여 죄로 삼으신 것은 우리로 하여금 그 안에서 하나님의 의가 되게 하려 하심이라" 고후 5:21 하나님의 의는 우리가 얼마나 착한지, 혹은 악한지에 달려 있는 것이 아니라 우리가 그리스도 안에 있는가에 따라 결정되는 것입니다. 예수님은 우리의 의이십니다.

베드로는 하나님의 눈이 우리 위에 있다고 했습니다. "주의 눈은 의인을 향하시고 그의 귀는 의인의 간구에 기울이시되." 나는 하나님이 눈과 귀를 가지고 계신 것으로 인하여 정말 기쁩니다. 그는 우리를 보시고 우리 기도를 들으십니다. 하나님은 우리의 기도에 귀를 기울이시지만 우리가 7절에서 본 것과 같이 우리가 우리의 기도를 막히게 할 수 있다는 것입니다. 하나님이 기도를 막히게 하지는 않습니다. ― 하나님이 듣기를 거부하시는 것이 아닙니다 ― 그러나 우리 스스로가 막히게 합니다. 기도가 막히지 않도록 합시다. 그러면 그분의 귀가 우리의 기도를 듣기 위해서 열려 있는 것을 알게 될 것입니다.

깨어 기도하라

베드로전서 4장 7절에서 우리는 "만물의 마지막이 가까이 왔으니 그러므로 너희는 정신을 차리고 근신하여 기도하라"라고 한 것을 읽을 수 있습니다. 성령의 영감으로 베드로는 우리가 사는 오늘날을 내다보며 믿는 자들에게 깨어 기도할 것을 가르치고 있습니다.

마가복음에서 우리는 예수님이 말세에 대하여 말씀하시는 것을 읽을 수 있습니다. "주의하라 깨어 있으라 그때가 언제인지 알지 못함이라" 막 13:33

기도에 있어서 하나님의 뜻

요한도 기도에 대해 중요한 것들을 말해 주고 있습니다.

요일 5:14-16
14 그를 향하여 우리가 가진 바 담대함이 이것이니 그의 뜻대로 무엇을 구하면 들으심이라
15 우리가 무엇이든지 구하는 바를 들으시는 줄을 안즉 우리가 그에게 구한 그것을 얻은 줄을 또한 아느니라
16 누구든지 형제가 사망에 이르지 아니하는 죄 범하는 것을 보거든 구하라 그리하면 사망에 이르지 아니하는 범죄자들을 위하여 그에게 생명을 주시리라 사망에 이르는 죄가 있으니 이에 관하여 나는 구하라 하지 않노라

비록 기도라는 말은 이 성경 구절에서 한번 밖에 사용되지 않았지만 요한은 '구하라' 혹은 '간구'라는 단어로 기도라는 것을 말하고 있습니다. 그는 이렇게 말했습니다. "그의 뜻대로 무엇을 구하면 들으심이라." 기억하십시오: 그것이 말씀에 있는 것이라면 그것은 하나님의 뜻입니다.

어떤 사람들은 어떤 것을 기도하고 '만일 그것이 하나님의 뜻이면 하나님이 주실 것이다' 라는 태도를 취합니다. 만일 그것이 하나님의 뜻이 아니라면 안주실 것이라고 생각합니다. 그러나

성경은 그렇게 말하고 있지 않습니다.

요한은 "그의 뜻대로 무엇을 구하면 들으심이라"라고 말합니다. 그분의 말씀은 그분의 뜻입니다. 만일 우리가 그의 말씀이 어떤 일에 관해 무엇이라고 하는지를 안다면 우리는 그것에 대한 하나님의 뜻이 무엇인지 알 수 있습니다. 이것은 예수님이 "너희가 내 안에 거하고 내 말이 너희 안에 거하면 무엇이든지 원하는 대로 구하라 그리하면 이루리라"요 15:7라고 하신 말씀과도 일치합니다.

16절은 많은 논쟁의 주제였었습니다. 그래서 많은 설교자들이 다루지 않습니다. 그러나 이것은 앞의 두 절과 함께 일치되며 계속 기도에 대해서 말하고 있는 것입니다.

> 요일 5:16
> 누구든지 형제가 사망에 이르지 아니하는 죄 범하는 것을 보거든 구하라 그리하면 사망에 이르지 아니하는 범죄자들을 위하여 그에게 생명을 주시리라 사망에 이르는 죄가 있으니 이에 관하여 나는 구하라 하지 않노라

요한은 우리가 하나님께 누구를 용서해 달라고 하면 이것은 하나님 말씀에 일치하고 하나님 뜻에 합당한 것이기 때문에 하나님께서 응답하실 것이라고 말하고 있습니다.

수년 전 우리가 살던 텍사스에서 그리 멀지 않은 곳에서 집회를 인도하고 있던 중에 우리 할머니가 쓰러지셔서 의식 불명으로

집에서 죽어가고 있다는 전화를 받았습니다. 매일 저녁 예배 후에 나는 할머니 집으로 운전해 가서 밤새 할머니와 같이 앉아 있었습니다. 할머니의 의식은 다시 돌아오지 않았습니다.

셋째날 밤에도 나는 거기 앉아서 기도를 했습니다. "사랑하는 주님, 지난번 내가 왔을 때 할머니와 같이 기도하지 않은 것을 정말 죄송하게 생각합니다."

나는 할머니가 그리스도인이며 주님을 얼마나 사랑하는 가를 알고 있었습니다. 그러나 나는 할머니가 잊어버린 소극적인 죄와 적극적인 죄가 있는 것을 알 수 있었습니다.(다른 사람들도 내가 잘못한 것을 잘 볼 수 있습니다. 우리는 우리 자신의 잘못을 보는 것보다 남이 잘못한 것을 더 잘 볼 수 있습니다.)

그래서 나는 기도했습니다. "주님, 내가 할머니와 같이 기도했었다면 얼마나 좋았을까요. 한번만 의식을 돌려 주셔서 저와 같이 기도할 수 있게 해 주세요.(할머니는 연로하셨고 나는 영으로 돌아가실 것을 알았습니다.) 할머니가 고백하지 않은 죄가 없는 것을 확인하게 해주세요."

내가 기도할 때 누군가 내게 말했습니다. "왜 너는 나에게 그녀를 용서해 달라고 구하지 않느냐?"

이 음성은 너무 확실해서 나를 놀라게 했습니다. 나는 의자에서 벌떡 일어났고 내 무릎에 있던 성경이 떨어져 침대 밑으로 들어갔습니다.

"누가 그렇게 말했지?" 나는 물었습니다. 나는 누가 내 기도하는 소리를 듣고 나를 놀리는 줄 알았습니다. 그러나 내가 방안을 둘러보아도, 또 문 밖에도 아무도 없었습니다. 나는 다시 앉아서 공부하기 시작했지만 집중하기가 어려워 다시 기도하기 시작했습니다.

"주님, 할머니의 의식을 한 번 돌려 주셔서 나와 함께 기도하게 하시고 할머니가 고백하지 않은 죄를 가지고 주님 앞에 가시지 않도록 해 주실 수 없나요?"

다시 한번 그 음성이 들렸습니다. "왜 너는 나한테 그녀를 용서해 달라고 구하지 않느냐?"

나는 다시 벌떡 일어나며 '누가 나한테 장난을 하고 있구나' 라고 말했습니다. 그러나 다른 방에 가 보아도 집에 있는 모든 사람들이 자고 있음을 알 수 있었습니다.

나는 다시 할머니의 침실로 가서 공부를 하려고 했지만 할 수 없었으므로 나는 다시 기도하기 시작했습니다.

내가 기도하기 시작하자 세 번째로 그 음성이 말씀했습니다. "왜 너는 나한테 그녀를 용서해 달라고 구하지 않느냐?"

이번에는 내가 좀 정신을 차리고 엘리 선지자가 사무엘이 어렸을 때 하나님이 부르실 때는 대답하라고 했던 것을 기억했습니다. 나는 그것이 주님인 줄 알았습니다. 그래서 나는 대답했습니다. "제가 당신께 고하라고요?"

그는 내게 말씀하셨습니다. "그래, 네가 나한테 구하라. 너는 내 말씀 요한일서 5장 16절에서 '누구든지 형제가 사망에 이르지 아니하는 죄 범하는 것을 보거든 구하라 그리하면 사망에 이르지 아니하는 범죄자들을 위하여 그에게 생명을 주시리라' 라고 한 것을 모르느냐?"

나는 성경 말씀을 펴서 읽었습니다. "정말 그렇습니다. 정말 그렇게 말씀하고 있습니다! 알았습니다. 주님, 나는 주님께 구합니다. 우리 할머니를 용서해 주세요. 주님, 내가 아는 할머니의 소극적인 죄들을 용서해 주세요. 그리고 할머니가 보지 못한 죄들과 또 내가 보지 못한 죄들을 용서해 주세요."

그는 말씀하셨습니다. "그래, 용서했다."

나는 주님께 감사했습니다. 내게는 모든 것이 해결되었습니다. 당신도 이것이 하나님의 뜻이었다는 것을 볼 수 있습니까?

그러나 그 구절의 마지막 부분은 예외를 기록하고 있습니다. "사망에 이르는 죄가 있으니 이에 관하여 나는 구하라 하지 않노라" 우리는 어떻게 사람이 사망에 이르는 죄를 범한 것을 알 수 있습니까? 성령님이 우리에게 보여 주셔야만 이것을 알 수 있습니다.

이것은 내 삶에서 두 번밖에 없었던 일입니다. 내가 어떤 사람을 위해 기도하고 있을 때 주님께서 내게 그들이 사망에 이르는 죄를 범했기 때문에 더 이상 기도하지 말라고 보여 주신 적이 있습니다.

무엇이 사망에 이르는 죄일까요? 첫째, 요한은 여기서 육체적인 사망을 말하고 있는 것이 아니고 영적인 사망을 언급하고 있습니다. 이것은 불신자들이 저지르는 죄가 아닙니다. 이것은 그리스도인들만이 짓는 죄입니다. 왜냐하면 그는 '형제'라는 단어를 썼기 때문입니다.

히브리서로 가서 이것에 대하여 더 알아보기로 하겠습니다.

히 6:4-6
4 한 번 빛을 받고 하늘의 은사를 맛보고 성령에 참여한 바 되고
5 하나님의 선한 말씀과 내세의 능력을 맛보고도
6 타락한 자들은 다시 새롭게 하여 회개하게 할 수 없나니 이는 그들이 하나님의 아들을 다시 십자가에 못 박아 드러내 놓고 욕되게 함이라

히 10:26-29
26 우리가 진리에 대한 지식을 얻은 뒤에도 짐짓 죄를 짓고 있으면, 속죄의 제사가 더 이상 남아 있지 않습니다.
27 남아 있다고 예상할 수 있는 것은 무서운 심판과 반역자들을 삼킬 맹렬한 불뿐입니다.
28 모세의 율법을 어긴 사람도 두세 증인의 증언이 있으면 가차없이 사형을 받는데,
29 하나님의 아들을 짓밟고, 자기를 거룩하게 해 준 언약의 피를 대수롭지 않게 여기고, 은혜의 성령을 모욕한 사람은, 얼마나 더 무서운 벌을 받아야 하겠는가를 생각해 보십시오.

여기서 하나님은 거짓말이나 속이는 것 같은 죄들을 말하고 있는 것이 아닙니다. 하나님은 그런 죄들에 대해선 용서를 제공하고 있습니다. 그러나 "하나님의 아들을 짓밟고…" 한 죄에는 용서하심이 없습니다.

이 책이 쓰여진 히브리 그리스도인들은 상당한 핍박아래 있었고 다시 유대교로 돌아가고 싶은 많은 유혹들이 있었습니다. 그들이 그리스도를 영접했을 때 그들은 가족들로부터 분리되었고 경제적으로도 상당한 어려움을 겪었으며 다른 여러 가지 시험들을 직면하고 있었습니다. 그러나 하나님은 성경에서 그들이 유대교로 돌아가는 것은 그리스도를 부정하는 일이라고 경고합니다. 이것은 언약의 피로 거룩하게 된 것을 거룩하지 않다고 하는 것과 같습니다. 혹은 다른 말로 하면 예수님의 피가 보통 사람의 피와 별다른 것이 없는 피에 불과하다고 말하는 것과 같습니다.

사람이 그리스도 안에 남아 있기만 하면 그는 영원토록 안전한 것입니다. 그러나 우리는 죽음에 이르는 죄가 있다는 것을 잊지 맙시다.

요한의 3차원의 기도

요삼 1:2
사랑하는 자여 네 영혼이 잘됨 같이 네가 범사에 잘되고 강건하기를 내가 간구하노라

킹 제임스 번역본에서 '간구'라고 번역된 말은 헬라어 원어에서는 '기도'입니다. 그러므로 요한은 이렇게 말한 것입니다. "사랑하는 자여 네 영혼이 잘됨같이 네가 범사에 잘되고 강건하기를 내가 기도하노라." 그는 성령에 감동되어 이렇게 기도한 것입니다. 이것은 하나님의 성령이 우리 모두를 위한 갈망입니다. 그렇다면 우리가 재정적인 번영을 위하여 기도 하는 것은 옳은 일입니다. 왜냐하면 요한도 "네가 범사에 잘되고…"라고 기도했기 때문입니다.

요한의 이 기도는 우리 삶의 세 가지 차원을 다루고 있습니다: 그것은 육신적, 영적, 그리고 물질적인 차원입니다. "네 영혼이 잘됨같이[영적 축복] 네가 범사에 잘되고[물질적 축복] 강건하기를[육신적 축복] 내가 간구하노라." 그러므로 하나님은 믿는 자들의 삶의 모든 부분을 축복하기를 원하신다는 것을 알 수 있습니다.

암송 구절 :
주의 눈은 의인을 향하시고 그의 귀는 의인의 간구에 기울이시되 주의 얼굴은 악행하는 자들을 대하시느니라 하였느니라 (벧전 3:12)

배운 것을 행하십시오 :
너희는 말씀을 행하는 자가 되고 듣기만 하여 자신을 속이는 자가 되지 말라(약 1:22)

제 24 과

기도에 있어서의 하나님의 뜻 (1부)

성경 구절 : 요 3:16; 벧후 3:9; 행 16:31

핵심 진리 : 우리의 기도 요청이 하나님의 말씀에 따른 것이면 그것은 하나님의 뜻대로 하는 기도입니다.

다음 3과에서는 기도에 있어서 하나님의 뜻에 우리의 초점을 맞추어 살펴보려고 합니다.

우리가 암송 구절 요한일서 5장 14절에서 '담대한 것' 과 '들으심' 이라는 말을 주목하시기 바랍니다. "그를 향하여 우리가 가진 바 담대함이 이것이니 그의 뜻대로 무엇을 구하면 들으심이라." 이 구절을 다른 번역본에서는 "이것이 우리가 그를 향한 자신감이니…"라고 했습니다.

어떤 상황 가운데 있을 때 우리는 우리가 기도할 때 하나님이 들으신다는 것에 대한 확신이 있을 수 있을까요? 하나님은 우리가 그의 뜻대로 기도하면 들으십니다!

다음 구절에서 우리는 이런 말씀을 읽을 수 있습니다. "우리가 무엇이든지 구하는 바를 들으시는 줄을 안즉 우리가 그에게 구한 그것을 얻은 줄을 또한 아느니라." 성경에서 말하는 것을 자세히 보십시오. "구하는 바를 들으시는 … 그에게 구한 그것을 얻은…" 이 성경 구절에서 우리는 하나님이 응답하지 않는 것도 있을 수 있다는 것을 알 수 있습니다.

우리가 기도할 때 자신감과 담대함이 없으면 하나님이 듣지 않으신다는 것을 뜻합니다. 우리가 해야 할 일을 하지 않으면 안 되는 것입니다.

어떻게 이런 자신감과 담대한 믿음을 가질 수 있을까요? 하나님의 말씀은 믿음을 줍니다.

"그러므로 믿음은 들음에서 나며 들음은 그리스도의 말씀으로 말미암았느니라"롬 10:17

"주의 말씀을 열면 빛이 비치어 우둔한 사람들을 깨닫게 하나이다"시 119:130

"주의 말씀은 내 발에 등이요 내 길에 빛이니이다"시 119:105

말씀의 빛 속에 걸을 때, 우리는 어둠 속을 걷지 않습니다.

우리는 하나님의 뜻이 무엇인지 모르므로 기도할 때 어둠 속에 있을 때가 많습니다. 그럴 때 우리는 자신감과 담대함으로 나올 수 없습니다. 우리는 하나님이 응답해 주시기를 바라며 떨고 두려움으로 나옵니다. 그러나 그렇게 하면서 응답을 기대할 수 없습니다.

우리는 먼저 하나님의 말씀으로 가서 우리 문제에 대해 하나님은 어떻게 말씀하시는가를 보아야 합니다. 그러면 우리는 이 문제에 대한 하나님의 뜻을 알게 되고 믿음의 기도를 할 수 있습니다.(우리가 기도해야 하는 거의 모든 문제는 성경 안에 있습니다.)

구원에 관한 하나님의 뜻

무엇보다도 먼저 잃어버린 영혼들을 구원하는 일이 하나님의 뜻인 것을 알아야 하겠습니다. 이것이 예수님이 이 땅에 오셔서 죽으신 이유이기 때문입니다.

요 3:16
하나님이 세상을 이처럼 사랑하사 독생자를 주셨으니 이는 그를 믿는 자마다 멸망하지 않고 영생을 얻게 하려 하심이라

벧후 3:9
주의 약속은 어떤 이들이 더디다고 생각하는 것 같이 더딘 것이 아니라 오직 주께서는 너희를 대하여 오래 참으사 아무도 멸망하지 아니하고 다 회개하기에 이르기를 원하시느니라

행 16:31
이르되 주 예수를 믿으라 그리하면 너와 네 집이 구원을 받으리라 하고

나는 구원받지 못한 사랑하는 가족들을 위해 "만일 당신의 뜻이면 그를 구원해 주십시오"라고 기도하는 사람은 없다고 봅니다. 그러나 잃어버린 영혼들을 위해서 하는 대부분의 이런 기도가 효과적이지 못합니다. 왜냐고요? 우리가 자신감과 담대함으로 나오지 못하기 때문입니다.

위의 성경 구절은 우리가 자신감과 담대함으로 나아와 하나님의 뜻대로 간구한다면 하나님이 들으시고 우리 마음의 소원을 응답하신다는 것을 말하고 있습니다. 이것은 아주 분명합니다. 그럼에도 불구하고 우리의 기도는 영적이기보다는 너무 육신적인 영역에 있습니다. 우리는 "사랑하는 가족들을 구원해 주세요, 하나님!"하고 기도하고는 하나님이 우리에게 응답하시는지 보려고 기다립니다! 만일 그 사람이 곧 구원을 받는다면 우리는 하나님이 응답하신 것이라고 믿습니다. 만일 그가 구원받지 못한다면 - 우리가 그의 삶에서 아무런 변화도 보지 못하면 - 우리는 하나님이 응답하지 않으신 것이라고 믿습니다. 이것은 보는 것으로 사는 것입니다. 믿음으로 사는 것이 아닙니다. 그러므로 이것은 혼란만 가져옵니다.

당신은 이렇게 말할 수 있습니다. "나는 구원 받지 못한 사랑하는 가족들을 위해 기도하고, 기도하고, 또 기도했습니다. 그런데도 응답이 없습니다." 하나님의 말씀으로 돌아가십시오. 그러면 당신은 기도가 왜 응답받지 못했는지 알게 될 것입니다. "그를 향하여 우리가 가진 바 담대함이 이것이니 그의 뜻대로 무엇을 구하면 들으심이라."

우리가 성경 구절에서 본 것과 같이 잃어버린 가족들을 구원하는 것이 하나님의 뜻이라는 데는 의문이 없습니다. 하나님의 말씀은 하나님의 뜻입니다. 그러므로 우리의 요구가 하나님의 뜻이라면 우리의 간구가 응답되는 것을 우리는 압니다.

나는 시골의 한 목사님을 알고 있는데 그는 교육을 제대로 받지 못해서 큰 교회에서는 한번도 목회할 기회가 없었습니다. 그의 목회는 주로 시골의 작은 교회들이었습니다. 그러나 그는 영혼 구원에 특별한 은사가 있어서 집회를 초청하는 곳이 많았습니다. 어디를 가든지 많은 영혼들이 구원을 받았습니다. 수년 동안 아무도 구원받지 못한 교회에서도 많은 사람들이 그리스도를 구세주로 영접하고 구원받는 것이었습니다.

그는 육십 대 초반에도 아직도 놀라운 성공을 하고 있었는데 내가 그의 비밀이 무엇인지 물어 보았습니다.

그가 내게 대답했습니다. "아주 간단한 일입니다. 나는 구원받는 것에도 병의 치유나 다른 어떤 것을 하나님께 구해서 받을 때와 똑같은 믿음을 사용합니다. 나는 사람들이 구원받지 못한다는 것은 내 마음으로 생각조차도 하지 않습니다. 의심이 오면 나는 예수님의 이름으로 대적합니다.

나는 기도하긴 하지만 다른 사람들보다 더 하는 것은 아닙니다. 물론 나는 하나님을 찾지요. 그러나 내가 사람들을 구원하는 데 성공하는 비결은 하나입니다. 나는 잃어버린 영혼이 올 것이라는 확신이 있습니다. 믿음의 눈으로 잃어버린 영혼들로 가득

차있는 강단을 보곤 합니다. 그리고 집회가 잘 진행되지 않으면 나는 기도를 더 하는 것이 아니라 믿음을 더 사용할 뿐입니다."

이 목사는 성경에서 말하는 자신감과 담대함이 있었습니다. 왜냐하면 그는 이 일이 하나님의 뜻이라는 것을 알았기 때문입니다.

다시 말하면 어떤 사람들은 상황만을 바라봅니다. 그들은 말합니다. "어제 저녁엔 아무도 강단 앞으로 나와 구원받는 사람이 없었어. 오늘 밤도 아마 없을 거야." 이런 사람들은 잘못된 것을 바라보고 있는 것입니다. 그가 영혼을 위해서 기도할지도 모릅니다. 그러나 그는 구원받을 사람들이 그리스도 앞에 나오는 것을 보지 못합니다. 그는 정말 그들이 구원받을 것이란 것에 대한 확신이 없습니다. 그의 믿음은 그가 볼 수 있는 것만 믿는 것입니다.

우리는 우리의 기도를 무효화 시킬 수 있습니다

종종 사람들은 그들의 기도를 무효화 시킵니다. 그들이 기도를 하면서 다른 사람들에게도 기도를 부탁할 수도 있습니다. 그러나 그들은 부정적인 말들을 함으로써 그들의 기도를 무효화 시키고 그들과 같이 기도하는 다른 사람들의 믿음도 무효화 시킵니다. 믿음을 말하고 의심을 하지 마십시오!

내가 아는 한 목사가 나와 또 다른 사람들에게 그의 아들을 위해서 기도해 달라고 했습니다. 그러나 그는 기도 요청을 하는 동시에 그의 아들에게 말하곤 했습니다. "너는 아무것도 안돼. 나는 너를 어떻게 해야 될지 정말 모르겠다. 내가 할 수 있는 일은 다 했어. 나는 기도하고 또 기도했다. 그래도 내 기도는 아무 소용이 없는 것 같아."

이 사람은 승리와 믿음을 고백하기는커녕 패배와 실패를 고백했습니다. 그는 그의 아들에게 의심과 불안을 세워 주었습니다. 이렇게 함으로 많은 사람들은 그들의 자녀를 잃어버립니다.

우리가 우리 아이들을 위해서 기도할 때 우리는 집안에서 우리의 기도의 효과를 무효화시킬 일들을 하지 말아야 합니다. 우리는 자신감과 믿음을 우리 아이들 안에 심어 주어야 합니다. 우리는 우리 아이들 안에 안전한 감정을 주입시켜야 합니다.

내가 결혼하기 전 집회를 다니며 대개 목사님들의 가정에 묵었습니다. 그리고 나는 가끔 그들의 아이들이 불쌍하게 생각되었습니다.

나는 특별히 한 목사님의 12살 난 아들을 기억합니다. 그의 부모들은 그에게 인내심이 없고 성질이 급했습니다. 그들은 항상 그에게 '너는 아무것도 될 것이 없다' 고 말하곤 했습니다. 확실히 그는 아무것도 아닌 존재가 되었습니다! 그는 그의 부모님의 가슴을 아프게 했습니다. 그는 여러 번 결혼을 했고 자기 가족들을 부양하지 못했습니다. 그 부모들이 기도를 하고 그들의 교회에도 기도를 부탁했을지 모릅니다. 그들은 눈물도 흘렸겠지요. 금식을 했을지도 모릅니다. 그러나 그들의 삶이 그들의 기도의 효과를 무효화시켰습니다.

자연적인 입장이나 영적인 입장에서 볼 때 아이들이 어렸을 때 일어나는 일들은 그들의 장래 성인으로의 삶을 만들어 가는 것입니다. 아이들의 어린 시절의 삶을 영적으로 풍부하고 뜻있게 보내게 해야 합니다. 당신의 말과 당신의 삶이 일치하도록 하십시오. 하나님과 함께 하십시오. 하나님을 거슬러 행하지 마십시오.

나는 또 목사들의 아이들이 방치된 것을 보았습니다. 사모님들이 교회에서 일을 하느라 너무 바빠서 아이들을 그냥 방치하고 하고 싶은 대로 하게 두었습니다. 그래서 나는 결혼하면서 나의 아내에게 이렇게 말했습니다. "나는 교회를 운영할 테니 당신은 가정을 잘 운영하도록 하세요."

내가 결혼한 후 우리가 목회한 첫 교회에서 목사가 성인 남자 성경 공부를 가르치고 사모는 여자들의 성경 공부를 가르치는 것이 그 교회의 관례라고 했습니다. 나는 그들에게 내 아내는 주일학교를 가르치지 않았다고 말했습니다. 그들은 주장했습니다. "이것이 우리 교회의 관례라니까요. 우리 교회는 20년 이상 그렇게 해왔습니다!"라고 주장했습니다.

나는 대답했습니다. "나는 그 관례를 방금 고쳤습니다. 우리는 두 개의 성경 공부 반을 합쳐서 크게 하나로 만들겠습니다. 그리고 내가 가르치겠습니다. 나의 아내는 성경 공부를 가르치지 않습니다."

교인들이 왜 그러냐고 내게 물었을 때 나는 대답했습니다. "내가 설교를 하고 목회를 합니다. 내 아내는 집에서 나를 돌보고 아이들을 낳게 되면 그들을 돌보고 가정을 돌볼 것입니다. 나는 아내가 가정을 책임져 주기를 바랍니다. 나는 교회에서 목회를 할 것입니다. 교회에는 능력 있는 사람들이 여러 명 있습니다. 나는 그들에게 일을 시키겠습니다."

그들이 나의 아내를 여선교회 회장으로 만들려고 할 때도 내가 또 저지해야만 했습니다. "내 아내가 모임에 참석할 수 있지만 회장은 할 수 없습니다." 이것이 우리 가정에는 좋은 결과를 가져왔습니다.

당신의 가족을 주장할 권위

모든 믿는 자들은 자신들의 식구들에 관한 권세를 가지고 있습니다. 우리는 다른 부분보다 여기에 보다 많은 권세를 가지고 있습니다. 사도행전 16장 31절은 이렇게 말합니다. "이르되 주 예수를 믿으라 그리하면 너와 네 집이 구원을 받으리라." 너무나 많은 사람들이 그들의 식구들을 구원해 달라고 하나님께 허우적거리며 구걸하듯이 기도하고 있습니다. 그러나 그들은 그들의 기도를 약속에 의해 주장하지 않습니다. 그러므로 그들은 하나님의 말씀의 빛 속에서 기도하는 대신 어두운 곳에서 기도하고 있습니다.

성경은 "그의 뜻(우리는 우리 아이들의 구원이 하나님의 뜻임을 압니다)대로 무엇을 구하면 들으심이라"라고 말하고 있습니다. 우리는 주님이 우리의 기도를 듣고 있다는 것을 압니다. "그를 향하여 우리가 가진 바 담대함이 이것이니 그의 뜻대로 무엇을 구하면 들으심이라 우리가 무엇이든지 구하는 바를 들으시는 줄을 안즉 우리가 그에게 구한 그것을 얻은 줄을 또한 아느니라" 요일 5:14,15

만일 우리가 하나님이 우리의 기도를 들으시는 것을 알면 우리는 우리 아이들의 구원을 위하여 더 이상 구걸할 필요가 없습니다. 이것은 온 가정이 하루 만에 그리스도에게 나온 다는 말은 아닙니다. 우리가 믿음에 서서 하나님께 감사하면 그들은 반드시 구원 받을 것입니다.

우리가 계속하여 하나님께 구하고 애걸하는 것은 우리의 간구를 들으신다는 믿음이 없기 때문입니다. 만일 우리가 성경에서 말한 바와 같이 우리가 주님께 간절히 구하는 것을 받았다고 믿는다면 우리는 하나님께 감사할 것입니다!

종종 우리는 올바른 행동은 하지만 합당한 믿음을 가지고 있지 않는 경우도 있습니다. 우리는 누가 이렇게 하라고 하니까, 혹은 어떤 사람들이 이렇게 했으니까, 그런 일을 따라 할 수 있습니다. 그러나 이것을 응답받으려면 우리의 심령 깊은 곳에 응답을 위한 믿음이 있어야합니다.

우리 아이들이 구원 받지 못할 것이라는 생각이 내 마음 속에 들어온 적은 한번도 없습니다. 왜냐하면 나는 그 분야에 권세와 능력이 있었기 때문입니다. 나는 그들을 위하여 한번 기도해주고 그들의 구원을 하나님 말씀에 근거하여 주장했습니다. 그들이 구원받지 못했다는 생각이 내게 올 때마다 나는 예수의 이름으로 곧 거부했습니다 — 나는 담대함이 있었습니다 — 우리 아이들이 내가 말씀에 근거하여 기도했기 때문에 구원받으리라는 것을 나는 알았습니다.

잃어버린 영혼에 대한 하나님의 뜻을 알기 때문에 우리는 결코 "주님 만일 이것이 하나님의 뜻이라면 이 사람을 구원해 주십시오"라고 기도해선 안 됩니다. 우리는 이것이 하나님의 뜻인지 압니다.

암송 구절 :
그를 향하여 우리가 가진 바 담대함이 이것이니 그의 뜻대로 무엇을 구하면 들으심이라 우리가 무엇이든지 구하는 바를 들으시는 줄을 안즉 우리가 그에게 구한 그것을 얻은 줄을 또한 아느니라(요일 5:14-15)

배운 것을 행하십시오 :
너희는 말씀을 행하는 자가 되고 듣기만 하여 자신을 속이는 자가 되지 말라(약 1:22)

제 25 과

기도에 있어서의 하나님의 뜻 (2부)

성경 구절 : 사 53:4, 5; 마 8:16, 17; 벧전 2:24

핵심 진리 : 효과적인 기도의 용사가 되려면 하나님의 말씀이 우리 안에 거해야 합니다.

우리가 기도에 대해 하나님의 뜻을 계속 공부하면서 우리는 요한복음 15장 7절에서 예수님이 적절하게 말씀하신 것을 보겠습니다. "너희가 내 안에 거하고 내 말이 너희 안에 거하면 무엇이든지 원하는 대로 구하라 그리하면 이루리라."

어떠한 조건 아래에서 예수님은 무엇이든지 구하라고 하셨습니까? 그는 "너희가 내안에 거하고"라고 말씀하셨습니다. 다른 말로 하면 거듭나야 되는 것이 첫째 조건이 되겠습니다. 우리가 거듭났으면 우리는 그 안에 거하는 것입니다.

예수님은 "내 말이 너희 안에 거하면"이라고 말씀하셨습니다. 우리가 효과적인 기도의 용사가 되려면 우리는 확실한 하나님의 말씀에 대한 지식이 있어야 합니다. 그의 말씀이 우리 안에 거해야 하는 것입니다. 말씀이 우리 안에 거하게 하려면 "너는 진리의 말씀을 옳게 분별하며 부끄러울 것이 없는 일꾼으로 인정된 자로 자신을 하나님 앞에 드리기를 힘쓰라"딤후 2:15

하나님의 말씀이 우리 안에 거하면 우리가 기도하는 것에 대한 하나님의 뜻을 알 수 있습니다. 우리가 전 과에서 본 것 같이 하나님의 말씀은 그의 뜻입니다. 그러므로 우리의 간구를 자신감과 담대함으로 하나님의 은혜의 보좌 앞으로 가져 올 수 있습니다.

우리가 위의 구절에서 우리가 따라야 하는 첫 번째와 두 번째 단계는 (1) 우리가 그 안에 있고 (2) 그의 말씀이 우리 안에 있으면 "무엇이든지 원하는 대로 구하라 그리하면 이루리라." 얼마나 능력 있는 약속입니까!

하나님의 말씀과 교제하면서 사는 믿는 자는 하나님의 뜻 이외의 것은 결코 구하지 않습니다. 만일 그가 말씀을 안다면 그는 그에게 약속된 것이 무엇인지를 압니다. 그는 하나님의 뜻을 압니다. 만일 그가 하나님의 말씀과 동행하며 걷고 있지 않다면 그는 성공적인 기도 생활을 할 수 없고 기도의 응답도 받을 수 없습니다. 그의 기도 생활은 효과적일 수가 없습니다. 왜냐하면 예수님은 분명하게 "너희가 내 안에 거하고 내 말이 너희 안에 거하면…"이라고 말씀하셨습니다. 우리는 그의 조건 대로 나아가야 합니다.

치유에 관한 하나님의 뜻

하나님의 말씀은 육신적인 치유에 대하여 무엇이라고 말씀합니까? 아픈 자를 치유하는 것은 그분의 뜻입니까? 우리는 성경 구절들을 통하여 이 문제에 있어서 하나님의 뜻을 알 수 있습니다.

사 53:4-5
4 그는 실로 우리의 질고를 지고 우리의 슬픔을 당하였거늘 우리는 생각하기를 그는 징벌을 받아 하나님께 맞으며 고난을 당한다 하였노라
5 그가 찔림은 우리의 허물 때문이요 그가 상함은 우리의 죄악 때문이라 그가 징계를 받으므로 우리는 평화를 누리고 그가 채찍에 맞으므로 우리는 나음을 받았도다

마 8:16-17
16 저물매 사람들이 귀신 들린 자를 많이 데리고 예수께 오거늘 예수께서 말씀으로 귀신들을 쫓아 내시고 병든 자들을 다 고치시니
17 이는 선지자 이사야를 통하여 하신 말씀에 우리의 연약한 것을 친히 담당하시고 병을 짊어지셨도다 함을 이루려 하심이더라

벧전 2:24

친히 나무에 달려 그 몸으로 우리 죄를 담당하셨으니 이는 우리로 죄에 대하여 죽고 의에 대하여 살게 하려 하심이라 그가 채찍에 맞음으로 너희는 나음을 얻었나니

우리는 위의 성경 구절들로부터 병든 자를 고치는 것이 하나님의 뜻이라는 것을 알 수 있습니다. 왜냐하면 그리스도가 우리의 병을 짊어지셨고 우리의 연약함을 담당하셨기 때문입니다. 예수님이 십자가에서 죽으심으로 우리의 구원을 값을 지불하고 사신 것 같이 우리의 치유도 사셨습니다. "그가 채찍에 맞으므로 우리가 나음을 받았도다." 우리의 심령에 그의 말씀이 확실하게 자리를 잡으면 우리는 병자를 고치는 것이 그의 뜻인가를 생각할 필요가 없습니다. 우리는 "주님, 당신의 뜻이면 저를 고치시옵소서"라고 기도할 필요가 없습니다.

수년 전 내가 아직 목회를 하는 동안 교인 중에 아픈 사람이 있어 기도해 달라는 연락을 받았습니다. 나는 그 여자가 치유에 대해 믿음의 고백을 하는 것이 중요한 것을 알았기에 그녀에게 물었습니다. "자매님, 제가 자매님께 기름을 바르고 손을 얹고 기도하면 병이 낫겠습니까?"

"하나님의 뜻이면 낫겠습니다." 그 여자가 대답했습니다.

"하나님의 뜻인지 아닌지 어떻게 아시겠어요?"라고 내가 물었습니다.

"나는 목사님이 기도해 주신 후에 만일 이것이 하나님의 뜻이면 낫고 아니면 안 나을 거라고 생각합니다."

이러한 상황에서 그녀가 치유 받지 못할 것을 나는 알았습니다. 나는 그녀의 불신앙이 하나님의 치유의 능력을 막고 있는 것을 알았습니다. 그래서 기도하기 전에 그녀와 대화하며 하나님의 말씀을 좀 더 보여주려고 했습니다. 그러나 그녀는 말했습니다. "그냥 기도해 주세요. 나는 너무 고통스럽고 힘듭니다."

나는 그녀에게 기름을 바르고 기도했습니다. 그러나 내 심령으로 그녀가 하나님 말씀을 믿지 않았기 때문에 아무것도 받을 수 없다는 것을 알았습니다. 나는 간신히 기도를 마치고 '아멘' 하기도 전에 그녀는 남편을 불렀습니다. "피트, 가서 의사한테 전화 걸어요."

나를 정말 어리둥절하게 했던 것은 자기가 치유를 받는 것이 하나님의 뜻이면 나을 것이고 만일 하나님의 뜻이 아니면 치유 받지 못할 것이라고 방금 한 그녀의 말이었습니다. 그녀는 치유 받지 못했습니다. 그녀의 말을 따른다면, 그것은 그녀가 치유 받는 것은 하나님의 뜻이 아니라는 이야기가 됩니다. 그런데도 그녀는 지금 의사를 부르고 돈을 들이면서 하나님의 뜻을 거스르려고 하고 있다는 말입니다!

그녀의 논리에 따르면, 치유를 받으려고도 하지 말아야 할 것입니다. 왜냐하면 그것은 하나님의 뜻을 거스르는 것이니까요. 약을 사고 의사의 도움을 받는 것들도 하나님의 뜻을 거스르는 것이 되어 버립니다.

물론 이것은 어리석은 논리입니다만 어떤 사람들은 그들의 치유를 위한 기도에 관해 이러한 논리를 가지고 있습니다.

우리가 전에 본 것같이 우리가 어떤 일에 대한 하나님의 뜻을 알려면 우리는 말씀을 공부해야 합니다. 그의 말씀은 그의 뜻입니다. 그의 말씀은 우리를 치유하는 것이 하나님의 뜻이라고 말합니다. 하나님의 말씀을 의심하지 맙시다. 우리에게 주신 치유에 대한 그의 약속을 주장합시다.

하나님의 뜻을 알기 위해 하나님의 말씀을 바라봅시다

많은 사람들이 하나님의 뜻을 찾으려고 이렇게 말합니다. "만일 이것이 하나님의 뜻이면 그렇게 하시겠고 만일 하나님의 뜻이 아니면 안하시겠지요." 우리는 하나님의 말씀을 보고 하나님의 뜻을 결정해야 합니다.

나는 어떤 일이 불확실하면 먼저 하나님의 말씀으로 갑니다. 나는 불확실한 가운데서 기도하지 않습니다. 왜냐하면 시간만 낭비할 것이기 때문입니다. 그럴 때 나는 믿음으로 기도할 수 없습니다. 나는 의심과 불신앙으로 기도할 것이고 그러면 응답받을 수 없습니다. 우리가 하나님의 말씀이 이 문제에 대하여 어떻게 말하는지를 알면 그분의 뜻을 알 수 있습니다. 종종 사람들은 그 일에 대한 모든 책임을 하나님께 전가하려고 합니다. 그래서 그들은 "이것은 하나님의 뜻이 아닌 것이 분명해. 왜냐하면 내가

'하나님의 뜻이면 이것을 해 주십시오' 라고 기도 했는데 하나님은 그것을 응답하지 않았으니까"라고 말합니다. 이 사람들은 그들 자신이 모든 책임에서 벗어나 하나님께 그 책임을 전가합니다. 그러나 우리는 그렇게 쉽게 책임에서 벗어날 수 없습니다.

하나님은 그의 말씀으로 말씀하셨습니다. "성경을 연구하라 … 곧 내게 대하여 증언하는 것이니라" 요 5:39 말씀들을 통해 우리는 그의 뜻을 배웁니다.

그리고 어떤 사람들은 어떤 일에 있어서 하나님의 말씀이 어떻게 말하고 있는지 알지만 그들의 상황에도 정말 그렇게 될 것인지 믿는 것이 어려운 사람이 있습니다.

그것은 마치 어떤 사람이 돈이 더 필요할 것을 알고 은행에 가서 대출을 신청했는데 당장 돈이 필요 없었기 때문에 모든 것을 준비해 놓은 다음 언제든지 그가 필요할 때 쓸 수 있도록 해 놓은 사람과 같습니다.

그 사람은 돈이 준비되었으니 언제든지 필요할 때 와서 가져가라고 은행 직원들이 하는 말을 들었습니다. 그러나 그는 생각하기를 '은행에서 돈을 주지 않으면 어떻게 하나? 만일 그렇게 말은 했지만 그런 뜻은 아니었다면? 하고 생각하는 것과 같습니다.

그 사람은 은행에서 한 이야기를 믿어야 합니다. 그리고 돈이 필요할 때 쓰면 되는 것입니다.

어떤 사람들은 하나님에게도 그와 같이 반응합니다. 그들은 하나님의 말씀이 사랑하는 자들의 구원에 대하여, 치유에 대하여,

그들이 가진 어떤 필요에 대하여, 어떻게 말씀하고 계신 것을 압니다. 그러나 그들은 하나님이 말씀하신 대로 하실지를 믿지 못합니다. 그러나 하나님께 감사합시다. 하나님은 그의 말씀을 시키십니다!

암송 구절 :
너희가 내 안에 거하고 내 말이 너희 안에 거하면 무엇이든지 원하는 대로 구하라 그리하면 이루리라(요 15:7)

배운 것을 행하십시오 :
너희는 말씀을 행하는 자가 되고 듣기만 하여 자신을 속이는 자가 되지 말라(약 1:22)

제 26 과

기도에 있어서의 하나님의 뜻 (3부)

성경 구절 : 벧전 5:7; 요삼 2; 빌 4:19

핵심 진리 : 우리는 인생의 모든 분야에 대한 약속을 하나님의 말씀에서 찾을 수 있습니다. 그리고 우리는 어떻게 기도할 것을 알고 하나님의 뜻이 무엇인지 기도하기 전에 확신을 가질 수 있습니다.

하나님의 말씀을 공부하는 것은 귀한 보석을 찾는 것과 같습니다. 우리는 땅을 많이 파지 않고도 몇 가지의 보석을 찾을 수 있습니다. 그러나 만일 우리가 정말 귀한 보석의 광맥을 찾기 원한다면 우리는 정말 땅을 깊이 파야 합니다.

하나님의 깊은 진리를 알기 위해서 성경은 "너희가 성경에서 영생을 얻는 줄 생각하고 성경을 연구하거니와 이 성경이 곧 내게 대하여 증언하는 것이니라"요 5:39라고 말씀합니다.

요한일서 5장 14-15절을 그냥 간단히 읽으면 우리는 요한이 말한 것을 오해할 수 있습니다. 그는 "그를 향하여 우리가 가진 바 담대함이 이것이니 그의 뜻대로 무엇을 구하면 들으심이라 우리가 무엇이든지 구하는 바를 들으시는 줄을 안즉 우리가 그에게 구한 그것을 얻은 줄을 또한 아느니라"라고 말했습니다.

어떤 사람들은 요한이 "이것이 하나님의 뜻이면 들으시겠고 아니면 안 들으실 것입니다"라고 말했다고 생각합니다. 그러나 그것은 요한이 의미한 바가 아닙니다. 요한은 기도하는 일에 우리가 하나님의 말씀이 있으면 '이것이 하나님의 뜻이라면' 이라고 기도하지 않아도 된다는 말입니다. 왜냐하면 우리는 하나님의 말씀이 하나님의 뜻인 것을 알기 때문입니다.

이런 이유 때문에 나는 사람들에게 그들이 기도하고 있는 것에 대하여 성경의 약속을 찾으라고 합니다. 사람들이 내게 기도해 달라고 할 때 나는 말합니다. "어떤 성경 말씀 위에 서계십니까?" 많은 사람들은 별로 특별한 성경 구절이 없다고 대답합니다. 그러면 나는 "그렇다면 특별히 받을 것도 없겠군요"라고 말합니다.

당신의 요구가 하나님의 말씀과 일치되면 그것은 하나님의 뜻입니다.(그가 그의 말씀에서 약속하신 것이라면 그의 뜻인 것이 분명합니다.) 하나님께서 하나님의 말씀 안에 예비해 놓으신 모든 것을 우리가 받는 것이 그분의 뜻입니다.

나는 인생의 모든 부분에 있어서 약속을 하나님의 말씀에서 찾았습니다. 그것은 내가 어떻게 기도할 것을 알고 내가 기도하기 전에 하나님의 뜻을 확인하고 기도할 수 있다는 말입니다.

많은 경우에 사람들이 기도에 응답을 받지 못하는 이유는 그들이 어두운 곳에서 기도하기 때문입니다. 그들은 하나님 말씀에서 떨어져 나와서 하나님께서 도와주기만을 바랍니다. 우리는 말씀의 빛 안에 살아야 합니다.

사람이 하나님의 말씀을 알지 못하면 성공적인 기도 생활을 할 수 없습니다. 성공적인 기도 생활은 하나님의 말씀 위에 세워지며 말씀에 근거하고 있는 것입니다. 우리가 말씀을 따라 기도할 때 그것은 우리 발에 등불이요 우리 길에 빛인 것입니다. 우리는 어디로 가야 할지 압니다.

그러나 너무 많은 경우에 우리는 하나님의 말씀이 무엇이라고 말하는지 모르기 때문에 비틀거리고 어디로 가야할지 알지 못합니다. 그럴 때 기도는 절망이고 하나님께 무엇을 해 달라고 하는 애걸일 뿐입니다. 그러나 하나님의 말씀을 미리 알면 우리는 자신감을 가지고 하나님께 나아올 수 있습니다.

걱정에 대한 하나님의 뜻

벧전 5:7

너희 염려를 다 주께 맡기라 이는 그가 너희를 돌보심이라

절망으로 뒤덮인 얼굴을 한 여인이 기도를 요청하러 내게 온 적이 있습니다. 그녀는 "해긴 목사님, 인생의 어려움과 불안과 걱정

이 너무 무거워요"라고 말하면서 울기 시작했습니다. 그리고는 더 크게 울었습니다. "나는 내 짐을 다 질 수 없어요. 둘 중 하나를 해 주시도록 목사님께서 하나님께 기도해 주세요. 이것들을 다 질 수 있는 은혜를 하나님이 주시든지 그렇지 않으면 반을 없애 주시든지요. 내가 반은 질 수 있거든요. 그러나 다 질 수는 없어요."

"나는 그런 기도를 할 수 없습니다. 성경적이 아니기 때문입니다"라고 내가 대답했습니다.

그녀의 얼굴에 어리둥절한 표정이 스쳐갔습니다. "나는 하나님의 뜻을 벗어나 있는 기도는 할 수 없습니다. 하나님이 내 기도를 듣는다는 자신감을 가지려면 나는 하나님의 말씀대로 기도해야 합니다"라고 나는 설명했습니다.

성경은 '그를 향하여 우리가 가진 바 담대함이 이것이니 그의 뜻대로 무엇을 구하면 들으심이라 우리가 무엇이든지 구하는 바를 들으시는 줄을 안즉 우리가 그에게 구한 그것을 얻은 줄을 또한 아느니라'라고 말합니다. 나는 하나님의 말씀을 알기 때문에 당신에 대한 하나님의 뜻도 압니다. 당신이 가진 짐을 질 수 있는 은혜를 주는 것은 하나님의 뜻이 아닙니다. 또 반을 가져가고 반을 자매님이 그냥 지도록 하는 것도 하나님의 뜻이 아닙니다. 어떻게 이것을 아느냐고요? 하나님 말씀이 그렇게 말하고 있습니다.

베드로전서 5장 7절은 '너희 염려를 다 주께 맡기라 이는 그가 너희를 돌보심이라'라고 말합니다. 이 구절은 너희 염려를 반만 주께 맡기라고 하지 않았습니다. 너희 염려를 다 맡기라고 말하고 있습니다. 또 이 구절은 염려를 다 짊어질 은혜를 하나님이 주시겠다고 하지도 않습니다. '너희 염려를 다 주께 맡기라' 라고 말하고 있습니다. 왜냐고요? 하나님은 당신을 사랑하시기 때문입니다."

"자매님 여기에 당신 기도의 응답이 벌써 나와 있으니 얼마나 좋습니까?"

그리고 나는 같은 구절을 더 자세한 확대번역본으로 읽어 주었습니다. "너의 염려의 모두를 – 너의 모든 불안, 모든 걱정, 모든 근심을 모두 한꺼번에 – 주께 드리라. 이는 그가 너를 애정깊이 사랑하시기 때문이고 그는 너를 조심스럽게 돌봐 주신다."

재정적 축복에 관한 하나님의 뜻

> 요삼 1:2
> 사랑하는 자여 네 영혼이 잘됨 같이 네가 범사에 잘되고 강건하기를 내가 간구하노라

> 빌 4:19
> 나의 하나님이 그리스도 예수 안에서 영광 가운데 그 풍성한 대로 너희 모든 쓸 것을 채우시리라

빌립보 교회에 바울이 편지할 때, 여기 나오는 바로 전 구절에서 그들이 헌금에 너그러웠던 것을 칭찬했습니다. 그들은 돈과

물건을 거두어 다른 곳의 그리스도인들에게 보냈습니다. 이것 때문에 바울은 말했습니다. "너희들이 그들에게 주고 그들을 도왔기 때문에 하나님은 너희의 모든 필요를 채울 것이다." 그는 물질적 재정적인 일에 대해 말하고 있었던 것입니다.

누가복음 6장 38절에서도 우리는 재정적인 축복에 대한 것을 찾아 볼 수 있습니다. "주라 그리하면 너희에게 줄 것이니 곧 후히 되어 누르고 흔들어 넘치도록 하여 너희에게 안겨 주리라 너희가 헤아리는 그 헤아림으로 너희도 헤아림을 도로 받을 것이니라." 우리는 주로 헌금 시간에 이 성경 구절을 인용하는 것을 듣습니다. 주로 강조하는 말은 구절 첫 부분 '주라'에 있습니다. 그러나 주는 것에 대한 결과를 빠뜨리지 마십시오. "너희도 … 도로 받을 것이니라"라고 했습니다. 그러므로 우리는 재정적 축복이 약속된 것을 이 구절에서 볼 수 있습니다.

당신의 삶에서 더욱 큰 재정적 축복을 받기 원하십니까? 주는 것을 늘리십시오. 왜냐하면 성경은 "곧 후히 되어 누르고 흔들어 넘치도록 하여 너희에게 안겨 주리라"라고 말하고 있기 때문입니다.

다른 식으로 말하자면, 우리가 하나님과 협조하지 않으면 하나님께서 열어 놓으신 문으로 들어가지 못하게 되고 재정적인 번영에 대한 우리의 기도가 막힙니다.

나는 직업이 없는 아주 젊고 건강한 사람을 알고 있었습니다. 그는 아내와 다섯 명의 아이들이 있었습니다. 그들이 다니고 있는 교회 사람들이 음식이나 옷들을 가져다주며 도와주었습니다. 교회의 여자들도 다리미질 할 것이라든지 작은 일들을 그 부인에게 맡기고 돈을 주며 도와주었습니다.

내가 그 사람과 이야기할 때 그는 이렇게 말했습니다. "주님이 우리의 모든 필요를 채워 주시겠다고 했습니다. 어떤 사람들은 내가 나가서 직장을 구해야 한다고 하지만 나는 확실한 것이 올 때까지 기다리고 있습니다. 주님이 역사하실 것입니다. 이렇게 하는 동안에도 우리는 그럭저럭 잘 지내고 있습니다."(그러나 다른 사람들이 그의 집세를 내주고 그의 가족들을 먹이고 있었습니다)

우리는 그냥 앉아서 무슨 일이 우리에게 오는 것을 기다리고 있을 수 없습니다. 올 것은 미납된 고지서밖에 없을 것입니다! 하나님께서 도와주시고 재정적인 축복을 해주신다는 것을 믿을 수 있습니다. 그러나 그는 옳은 방향으로 움직여야 하고 자기 손으로 할 수 있는 일을 찾아 해야 합니다.

만일 그가 찾은 처음 직장이 그가 원하는 것이 아니었다면 다음의 더 나은 직장을 찾을 때까지만이라도 도움이 될 것입니다. 그러는 동안 그는 더욱 나은 직장을 찾기 위해 기도해야 합니다. 하나님은 그가 그의 가족을 부양하는 일에 무엇이든지 충실히 하면 다른 직장을 찾도록 도와주실 것입니다.

우리가 하나님의 말씀을 더욱 깊이 살펴보면 기도에 있어서 하나님의 뜻을 더욱 분명히 보여 주실 것입니다.

예를 들어서 우리는 우상을 섬기는 나라에 사는 잃어버린 영혼들을 위하여 기도해야 하는 것을 압니다. 그의 말씀이 "내게 구하라 내가 이방 나라를 네 유업으로 주리니 네 소유가 땅 끝까지 이르리로다"시 2:8라고 말하기 때문입니다.

우리는 또 성령님의 능력으로 사역자를 보내 주실 것도 기도해야 하는 것을 압니다. "그러므로 추수하는 주인에게 청하여 추수할 일꾼들을 보내 주소서 하라 하시니라"마 9:38

우리가 하나님의 말씀을 공부할 때 '하나님의 뜻에 따라서' 라고 말하는 대신 '하나님의 말씀에 따라서' 라고 말해야 합니다. 그러면 우리는 올바른 관점을 가진 것입니다.

암송 구절 :
그를 향하여 우리가 가진 바 담대함이 이것이니 그의 뜻대로 무엇을 구하면 들으심이라 우리가 무엇이든지 구하는 바를 들으시는 줄을 안즉 우리가 그에게 구한 그것을 얻은 줄을 또한 아느니라(요일 5:14-15)

배운 것을 행하십시오 :
너희는 말씀을 행하는 자가 되고 듣기만 하여 자신을 속이는 자가 되지 말라(약 1:22)

믿음의 말씀사 출판물

믿음의말씀사에서 발행되는 모든 도서는 본사에서 직영판매하며,
본사 대표전화 또는 홈페이지를 통해서 구입이 가능합니다.
구입문의 : 031-8005-5483 / 5493   http://faithbook.kr

케네스 해긴의 「믿음 도서관」 책들   케네스 해긴 지음·김진호 옮김

- 믿는 자의 권세 (생애기념판) | 양장본 신국판 264p / 값 13,000원
- 당신이 알아야 하는 신유에 관한 일곱 가지 원리 | 국판 112p / 값 5,000원
- 기도의 기술 | 국판 208p / 값 7,000원
- 인간의 세 가지 본성 (증보판) | 국판 128p / 값 5,500원
- 어떻게 하나님의 영으로 인도받을 수 있는가? (생애기념판) | 국판 272p / 값 10,000원
- 믿음의 계단 | 국판 240p / 값 8,500원
- 마이더스 터치 | 국판 272p / 값 10,000원
- 당신을 향한 하나님의 계획 | 국판 256p / 값 8,500원
- 하나님 가족의 특권 | 국판 176p / 값 6,500원
- 나는 환상을 믿습니다 | 국판 208p / 값 7,000원
- 하나님의 계획과 목적과 추구 | 국판 224p / 값 8,000원
- 역사하는 기도 | 국판 256p / 값 9,000원
- 병을 고치는 하나님의 말씀 | 국판 184p / 값 7,000원
- 영적 성장 | 국판 192p / 값 7,000원
- 치유의 기름부음 | 국판 336p / 값 10,000원
- 크게 성장하는 믿음 | 국판 160p / 값 6,000원
- 신선한 기름부음 | 국판 176p / 값 7,000원
- 예수 열린 문 | 국판 216p / 값 8,000원
- 믿음이란 무엇인가 | 국판 64p / 값 2,500원
- 진짜 믿음 | 국판 56p / 값 2,000원
- 기름부음의 이해 | 국판 256p / 값 9,000원
- 그리스도께서 지금 하고 계시는 일 | 국판 64p / 값 2,500원
- 승리하는 교회 | 신국판 496p / 값 15,000원
- 믿음의 양식 | 국판 384p / 값 13,000원
- 조에 | 국판 96p / 값 4,000원
- 그리스도의 선물 | 신국판 368p / 값 12,000원
- 믿음이 흔들리고 패배한 것 같을 때 승리를 얻는 법 | 신국판 160p / 값 7,000원
- 충분하고도 넘치는 하나님 엘 샤다이 | 국판 64p / 값 2,500원
- 하나님의 말씀 : 모든 것을 고치는 치료제 | 국판 72p / 값 3,000원
- 믿음의 선한 싸움을 싸우는 법 | 국판 200p / 값 7,000원
- 내주하시는 성령 임하시는 성령 | 국판 256p / 값 9,000원

- 방언 | 신국판 384p / 값 12,000원
- 재정적인 번영에 대한 성경적 열쇠들 | 국판 240p / 값 9,000원
- 금식에 관한 상식 | 국판 64p / 값 2,500원
- 가족을 섬기는 법 | 국판 72p / 값 3,000원
- 여성에 관한 질문들 | 국판 112p / 값 5,000원
- 몸의 치유와 속죄 | T.J.맥크로산 지음 · 로이 힉스, 케네스 해긴 개정 / 국판 168p / 값 6,000원
- 그리스도 안에서 | 문고판 48p / 값 1,000원
- 새로운 탄생 | 문고판 48p / 값 1,000원
- 방언기도의 능력을 풀어 놓으라 | 문고판 64p / 값 1,200원
- 재정 분야의 순종 | 문고판 48p / 값 1,000원
- 말 | 문고판 64p / 값 1,200원
- 나는 지옥에 갔다 왔습니다 | 문고판 48p / 값 1,000원
- 하나님의 처방약 | 문고판 64p / 값 1,200원
- 더 좋은 언약 | 문고판 48p / 값 1,000원
- 옳은 사고방식 틀린 사고방식 | 문고판 80p / 값 2,000원
- 속량 - 가난, 질병, 영적 죽음에서 값 주고 되사다 | 문고판 64p / 값 1,200원
- 예수의 보배로운 피 | 문고판 48p / 값 1,000원
- 하나님을 탓하지 마십시오 | 문고판 48p / 값 1,000원
- 네 주장을 변론하라 | 문고판 48p / 값 1,000원
- 셀 모임에서 성령인도 받기 | 문고판 48p / 값 1,000원
- 네 염려를 주께 맡겨라 | 문고판 80p / 값 2,000원
- 성령을 받는 성경적인 방법 | 문고판 64p / 값 1,200원
- 안수 | 문고판 48p / 값 1,000원
- 치유를 유지하는 법 | 문고판 48p / 값 1,000원
- 사랑은 결코 실패하지 않습니다 | 문고판 48p / 값 1,000원
- 예언을 분별하는 일곱 단계 | 문고판 80p / 값 2,000원
- 절망적인 상황을 반전시키기 | 문고판 80p / 값 2,000원
- 당신의 믿음을 풀어 놓는 법 | 문고판 80p / 값 2,000원
- 하나님의 영광 | 문고판 64p / 값 1,200원
- 하나님께서 내게 가르쳐 주신 형통의 계시 | 문고판 48p / 값 1,000원
- 왜 능력 아래 쓰러지는가? | 문고판 48p / 값 1,000원

기타 「믿음의 말씀」 설교자의 책들

- 성령의 삶 능력의 삶 | 데이브 로버슨 지음 · 김진호 옮김 / 신국판 480p / 값 13,000원
- 왕과 제사장 | 김진호 지음 / 국판 136p / 값 6,500원
- 새로운 피조물의 실재 | 김진호 지음 / 국판 256p / 값 9,000원
- 믿음의 반석 | 최순애 지음 / 국판 352p / 값 12,000원
- 새 언약의 기도 | 최순애 지음 / 신국판 192p / 값 8,000원

- 성령 인도 | 최순애 지음 / 국판 160p / 값 7,000원
- 복음의 신조 | 최순애 지음 / 국판 208p / 값 8,000원
- 존중하는 삶 | 최순애 지음 / 국판 208p / 값 8,000원
- 승리하는 믿음 | 스미스 위글스워스 지음 · 김진호 옮김 / 46판 112p / 값 4,000원
- 스미스 위글스워스의 천국 | 스미스 위글스워스 지음 · 박미가 옮김 / 신국판 320p / 값 11,000원
- 스미스 위글스워스의 매일묵상 | 스미스 위글스워스 지음 · 박미가 옮김 / 신국판 600p / 값 20,000원
- 위글스워스는 이렇게 했다 | 피터 J. 매든 지음 · 박미가 옮김 / 국판 272p / 값 9,000원
- 스미스 위글스워스의 능력의 비밀 | 피터 J. 매든 지음 · 박미가 옮김 / 국판 200p / 값 7,000원
- 행동하는 신자들 | T. L. 오스본 지음 · 김진호 옮김 / 46판 112p / 값 4,000원
- 기적 - 하나님 사랑의 증거 | T.L. 오스본 지음 · 김진호 옮김 / 46판 144p / 값 4,500원
- 새롭게 시작하는 기적 인생 | T. L. 오스본 / 라도나 오스본 지음 · 박미가 옮김 / 46판 288p / 값 8,000원
- 좋은 인생 | T. L. 오스본 지음 · 박미가 옮김 / 신국판 416p / 값 13,000원
- 성경적인 치유 | T.L. 오스본 지음 · 김진호 옮김 / 국판 272p / 값 10,000원
- 능력으로 역사하는 메시지 | T.L. 오스본 지음 · 김주성 옮김 / 신국판 368p / 값 12,000원
- 100개의 신유 진리 | T.L. 오스본 지음 · 김진호 옮김 / 문고판 48p / 값 1,000원
- 하나님의 큰 그림 | 라도나 C. 오스본 지음 · 문지숙 옮김 / 46판 160p / 값 5,500원
- 믿음의 말씀 고백 기도집 | 잔 오스틴 지음 · 김진호 옮김 / 46판 160p
- 하나님의 사랑의 흐름 | 잔 오스틴 지음 · 김진호 옮김 / 46판 48p
- 견고한 진 무너뜨리기 | 잔 오스틴 지음 · 김진호 옮김 / 46판 48p
- 초자연적인 흐름을 따르는 법 | 잔 오스틴 지음 · 김진호 옮김 / 46판 96p
- 당신의 운명을 바꿀 수 있습니다 | 잔 오스틴 지음 · 김진호 옮김 / 46판 96p
- 어떻게 하나님의 능력을 풀어놓을 수 있는가? | 잔 오스틴 지음 · 김진호 옮김 / 46판 96p
- 복을 취하는 법 | R.R.쏘아레스 지음 · 김진호 옮김 / 국판 128p / 값 5,500원
- 주는 자에게 복이 되는 선물 | R.R.쏘아레스 지음 · 김병수 옮김 / 국판 160p / 값 6,000원
- 믿음으로 사는 삶 | 코넬리아 나훔 지음 · 신현호 옮김 · 김진호 추천 / 46판 176p / 값 6,000원
- 그리스도 안에 있는 나를 인정하기 | 마크 행킨스 지음 · 김진호 옮김 / 문고판 48p / 값 1,000원
- 여기서 머물지 말라 | 크리스 오야킬로메 지음 · 김진호 옮김 / 46판 72p / 값 2,500원
- 방언기도학교 31일 | 크리스/애니타 오야킬로메 지음 · 이종훈/김인자 옮김 / 46판 80p / 값 2,500원
- 이제 당신이 거듭났으니 | 크리스 오야킬로메 지음 · 김진호 옮김 / 문고판 64p / 값 1,500원
- 당신의 인생을 재창조하라 | 크리스 오야킬로메 지음 · Paula Kim 옮김 / 국판 48p / 값 2,000원
- 이 마차에 함께 타라 | 크리스 오야킬로메 지음 · Paula Kim 옮김 / 국판 128p / 값 5,000원
- 그리스도 안에 있는 당신의 권리 | 크리스 오야킬로메 지음 · Paula Kim 옮김 / 국판 64p / 값 2,500원
- 당신의 치유를 유지하기 | 크리스 오야킬로메 지음 · Paula Kim 옮김 / 문고판 24p / 값 500원
- 성령님과 당신 | 크리스 오야킬로메 지음 · Paula Kim 옮김 / 국판 64p / 값 2,500원
- 방언의 능력 | 크리스 오야킬로메 지음 · Paula Kim 옮김 / 문고판 48p / 값 1,000원
- 성령님이 당신 안에서 행하실 일곱 가지 | 크리스 오야킬로메 지음 · Paula Kim 옮김 / 국판 80p / 값 3,500원
- 성령님이 당신을 위해 행하실 일곱 가지 | 크리스 오야킬로메 지음 · Paula Kim 옮김 / 국판 72p / 값 3,000원
- 기적을 받고 유지하는 법 | 크리스 오야킬로메 지음 · Paula Kim 옮김 / 국판 64p / 값 2,500원
- 하나님께서 당신을 방문하실 때 | 크리스 오야킬로메 지음 · Paula Kim 옮김 / 국판 80p / 값 3,500원

- 올바른 방식으로 기도하기 | 크리스 오야킬로메 지음 · Paula Kim 옮김 / 국판 64p / 값 2,500원
- 당신의 믿음을 역사하게 하는 법 | 크리스 오야킬로메 지음 · Paula Kim 옮김 / 국판 112p / 값 5,000원
- 끝없이 샘솟는 기쁨 | 크리스 오야킬로메 지음 · Paula Kim 옮김 / 국판 32p / 값 1,500원
- 기름과 겉옷 | 크리스 오야킬로메 지음 · Paula Kim 옮김 / 국판 96p / 값 4,000원
- 약속의 땅 | 크리스 오야킬로메 지음 · Paula Kim 옮김 / 국판 224p / 값 8,000원
- 하나님의 일곱 영 | 크리스 오야킬로메 지음 · Paula Kim 옮김 / 국판 112p / 값 5,000원
- 예언 | 크리스 오야킬로메 지음 · Paula Kim 옮김 / 국판 88p / 값 4,000원
- 시온의 문 | 크리스 오야킬로메 지음 · Paula Kim 옮김 / 국판 96p / 값 4,000원
- 붉은 줄의 기적 | 리차드 부커 지음 · 황성하 옮김 / 국판 288p / 값 10,000원
- 당신은 이미 가졌습니다 | 앤드류 워맥 지음 · 두영규 옮김 / 국판 320p / 값 11,000원
- 은혜와 믿음의 균형 안에 사는 삶 | 앤드류 워맥 지음 · 반재경 옮김 / 국판 304p / 값 11,000원
- 하나님은 당신이 건강하기 원하십니다 | 앤드류 워맥 지음 · 서승훈 옮김 / 국판 288p / 값 10,000원
- 당신이 말한 대로 얻게 됩니다 | 돈 고셋 지음 · 전진주 옮김 / 국판 288p / 값 10,000원
- 예수 - 치유의 길 건강의 능력 | 월포드 H. 리트 지음 · 김진호 옮김 / 국판 304p / 값 11,000원
- 믿음과 고백 | 찰스 캡스 지음 · 신현호 옮김 / 신국판 384p / 값 12,000원
- 십자가에서 보좌까지 무슨 일이 일어났는가? | E. W. 케년 지음 · 서승훈 옮김 / 신국판 368p / 값 12,000원
- 성령 충만한 그리스도인의 지침서 | 데릭 프린스 지음 · 조철환, 서승훈 옮김 / 신국판 752p / 값 30,000원